Siegfried Kynast

Auf den Winter
folgt der Frühling

Für die Unterstützung beim Verfassen meines Buches, bedanke ich mich ganz herzlich bei Renate Güpner-Krause und bei ihrem Mann Stephan Krause, sowie bei meiner Frau Kerstin.

Siegfried Kynast

**Auf den Winter
folgt der Frühling**

Impressum

*Bibliografische Information der Deutschen Nationalbibliothek:
Die Deutsche Nationalbibliothek verzeichnet diese Publikation
in der Deutschen Nationalbibliografie; detaillierte bibliografische Daten sind im Internet über http://dnb.dnb.de abrufbar.*

*TWENTYSIX – Der Self-Publishing-Verlag
Eine Kooperation zwischen der Verlagsgruppe Random House
und BoD – Books on Demand*

© 2016 Siegfried Kynast

*Herstellung und Verlag:
BoD – Books on Demand, Norderstedt*

ISBN: 978-3-740-71625-7

Autor: **Siegfried Kynast**
Lektorin: **Renate Güpner-Krause**
Korrekturlesen: **Stephan Krause, Kerstin Kynast**

Vorwort

Nicht immer verläuft das Leben unseren Vorstellungen entsprechend. Ungeahnte Zwischenfälle zwingen uns dazu, neue Wege gehen zu müssen. Was anfänglich wie das Ende des bisherigen Lebens aussah, entpuppt sich plötzlich als neue Chance.

In diesem Buch beschreibe ich meine Lebensgeschichte. Mit meiner Kindheit beginnend, erzähle ich, mein von Höhen und Tiefen geprägtes und abenteuerliches Leben. Nach einer ersten zerbrochenen Ehe und den Verlust eines Sohnes, fand ich ein neues Glück, in einer neuen Familie.

Im Verlaufe meines Lebens, öffneten sich mir viele Türen um etwas „Neues" auszuprobieren, doch einige Türen mussten aus gesundheitlichen Gründen wieder verschlossen werden.

Nicht alles ließ ich mir nehmen, die asiatischen Kampfkünste sind mir geblieben und ich bekam die für mich wohl wichtigste Aufgabe geschenkt, Menschen zu unterrichten. Mit meinen Erfolgen aus unzähligen Meisterschaften sowie den langjährigen Kampfsporterfahrungen seit 1990 fand ich nicht nur meine Berufung, sondern auch meinen Weg in das Leben. Die in meiner Geschichte genannten Personen waren bzw. sind Begegnungen, welche mein Leben positiv, aber auch negativ beeinflussten und mich zu dem Menschen formten, der ich heute bin.

Inhaltsverzeichnis

Vorwort 5
Meine Geburt 9
Meine Eltern 11
Kindheitstage 13
Einschulung 23
Die ersten zwei Schuljahre 29
Das neue Haus 39
Auszeit 47
Meine Jugend 55
Lehrjahre 79
Die erste große Liebe 95
Herrenjahre 113
Militärdienst 133
Zurück ins Zivilleben 169
Die Geburt meines Sohnes 179
Es lebe der Kampfsport 185
Das Ende einer Ehe 209
Der verlorengegangene Sohn 239
Auf den Winter folgt der Frühling 245
Endlich angekommen 258

Meine Geburt

Am 22. Februar 1965 wurde ich in Gardelegen, in der Hopfenstraße 10, als siebtes Kind in eine zehnköpfige Familie geboren. Meine Eltern gaben mir den Namen Siegfried Paul Meyer. Der 22. Februar war auch der Geburtstag meines Vaters - diesen Zufall nahmen meine Eltern zum Anlass, mir den Namen meines Vaters zu geben. Insgesamt waren wir vier Geschwister und sechs Halbgeschwister, von sechs verschiedenen Vätern.

Meine Eltern

Eva-Maria Hennecke, geb. am 28.12.1932, arbeitete viele Jahre als Krankenschwester in einer Klinik.
†10.02.2012
Siegfried Paul Meyer, geb. am 22.02.1936, arbeitete zuletzt als Kranfahrer in einem Asbestzementwerk.
†22.03.2011

Kindheitstage

Neben den vielen schönen Zeiten als kleiner Junge, habe ich auch Erinnerungen an Kindheitstage die ich manchmal gerne für immer vergessen hätte, weil diese auch heute noch, Wut und Traurigkeit hervorrufen. Damals wie heute hatte und habe ich keine Bindung zu den anderen Geschwistern. Warum das so war, ist schwer zu sagen.

Wolf-Gerhard (Romeo) der älteste Halbbruder, arbeitete viele Jahre als Bergmann in Sangerhausen und wohnt jetzt in Cottbus. Der Vater ist unbekannt. Thomas, der zweitälteste Halbbruder, hatte in der Landwirtschaft gearbeitet und lebt jetzt irgendwo in einem Dorf. Wohnort und Vater sind unbekannt. Svantge, meine älteste Halbschwester, studierte Sportwissenschaften und wohnt in Leipzig. Der Vater, wahrscheinlich russischer Herkunft, ist unbekannt. Mein Halbbruder Bodo zog ebenfalls in ein Dorf und hat sich als Bauer versucht. Heidrun, meine zweite Halbschwester und die Schwester von Bodo, arbeitete einige Jahre als gelernte Schäferin. Heiko war Bergmann in Zielitz und er wohnt in Oldenburg. Der Vater ist unbekannt. Dann komme ich. Meine Mutter sagte mal, wenn sie nicht genau wüsste, dass ich ihr Kind sei, würde sie meinen, ich wäre der Familie untergejubelt worden.
Die Berufe meiner Geschwister Ingo, Stephan und Fridtjof sind mir nicht bekannt. Alle drei, leben vermutlich noch in Neumünster.

Gardelegen, so heißt die Stadt, in der ich geboren wurde, meine Kindheit verbrachte und größtenteils aufwuchs. Es war eine kleine Stadt mit ländlichem Charakter. Die Innenstadt des ursprünglich mittelalterlichen Ortes war von einem kreisförmigen Wall aus Bäumen umgeben und die Randgebiete wurden von kleinen Gärten geprägt. Zwischen den einzelnen Ortschaften erstreckten sich kilometerlange Wälder und flache, schon fast unendliche Landschaften. Das Haus, in dem ich geboren wurde und bis zu meinem achten Lebensjahr aufwuchs, befand sich genau in diesem naturgeprägten grünen Randgebiet meiner Heimatstadt.

Mein Geburtshaus in Gardelegen.

In einer Zeit, in der die Öfen der heimischen Räume noch mit Kohle beheizt wurden, war es nicht ungewöhnlich, dass Hausbesitzer hinter ihrem Haus einen größeren Garten besaßen, in dem so allerlei Obst und Gemüse angebaut wurde. Auch wir besaßen so einen Garten. Neben dem Anbau von Erdbeeren, Kartoffeln, Schoten und Stachelbeeren gab es einen Kirschbaum, einen Apfelbaum und einen Birnbaum, um nur einiges zu nennen. In dem kleinen Garten vor unserem Haus befanden sich ausschließlich Blumen und andere Pflanzen. Nicht ganz so üblich war die Tierhaltung. Nur wenige, so wie wir, hielten sich auch Hühner, Enten, Ziegen, Tauben oder andere Tiere, von Katzen und Hunden einmal abgesehen.

Hinter dem Haus und noch vor dem Garten war ein kleiner Hof. Umgrenzt von der Mauer des Nachbargrundstücks zur linken Seite befand sich zur rechten Seite die gläserne Diele unseres Hauses, von der man direkt in den Keller für Kohlen und Kartoffeln gelangte. Auch das eingeweckte Obst und Gemüse befanden sich im Keller, fein sortiert in Regalen. Der mit weißem Salpeter und Schimmel getränkte Putz an den feuchten Kellerwänden blätterte ab und hielt mehr schlecht als recht. Einen richtigen Fußboden gab es nicht, denn dieser bestand überwiegend aus Erde. Nur an Stellen, wo wir die Kartoffeln lagerten und die Regale standen, gab es eine kleine Betonfläche. Durch die feuchten, schimmligen Wände und das Herumliegen einzelner vergammelter Kartoffeln roch es immer modrig. Wann immer ich konnte, umging ich diesen Keller. Jeder von uns Kindern bekam von Zeit zu Zeit die Aufgabe, Kohlen für die Öfen und Kartoffeln oder Eingewecktes für das Essen zu holen. Als kleiner, fünfjähriger Junge blieb ich nicht verschont. Meine Halbgeschwister besaßen viel Spaß daran, die gruseligsten Geschichten zu erzählen, was in diesem Keller alles passierte, und sie ließen keine Gelegenheit aus, um sich neue Geschichten auszudenken.

Die im Keller wohnhaften Mäuse und Spinnen trugen ihren Teil dazu bei, alles noch etwas schauriger zu gestalten. Wenn die Tage länger waren und das Tageslicht noch gerade so durch die tief am Erdreich liegenden, kleinen Kellerfenster drang, um den Raum zu erhellen, war es noch halbwegs erträglich, seinen Pflichten nachzukommen. In den Wintermonaten jedoch, wenn es schon früh dunkel wurde, leuchteten nur schwache Glühbirnen die Kellertreppe und den Keller aus. Das schwache Licht der Glühbirnen ließ die Schauergeschichten meiner Halbgeschwister noch gruseliger erscheinen. Wenn der eisige Wind dann noch das lose, mit fehlendem Fensterkitt im Rahmen lagernde Fensterglas klirren lies, zitterte ich am ganzen Körper. An der Kellertreppe tief durchatmend, rannte ich so schnell ich konnte in den Keller, holte, was benötigt wurde und erst als ich durch die Diele zurück in die sichere Küche kam, konnte ich wieder einatmen.

Betend, es möge das nächste Mal jemand anderes dran sein, kam ich langsam zur Ruhe. Gott sei Dank war nur einmal im Jahr Weihnachten, denn die gleiche Vorgehensweise wie mit den gruseligen Geschichten um den Keller wurde von meinem ältesten Halbbruder Romeo mit einer Weihnachtsmannmaske zu den Feiertagen praktiziert. Romeo war nicht sein richtiger Name. Eigentlich hieß er Wolf-Gerhard. Wir nannten ihn Romeo, weil er als Jugendlicher unsterblich in ein hübsches Mädchen namens Angela verliebt war. Wann immer es Romeo möglich war, packte er während der Weihnachtszeit die Gelegenheit beim Schopfe, mich mit dieser Maske zu erschrecken.

Schon Tage vorher fürchtete ich mich vor den Feiertagen und dem Keller. Wenn mein Vater am Heiligen Abend auf dem Hof den Stamm des Tannenbaumes mit der Axt bearbeitete, um ihn für den Tannenbaumständer anzupassen, dann war das schon meine einzige schöne Erinnerung an Weihnachten. Sehr gerne hätte ich meinem Vater beim Schmücken des Baumes geholfen, doch meiner Mutter war der Baumschmuck zu kostbar und so durfte ich leider nur zusehen.

Ebenfalls auf den Hof befand sich eine kleine Werkstatt mit einem Gerätehaus - die heiligen Hallen meines Vaters. Die Werkstatt und das Gerätehäuschen waren in penibler Ordnung gehalten, alles, aber auch wirklich alles befand sich an einen bestimmten Platz, sei es der Schraubenschlüssel oder eine einzelne Schraube.

Es gab nichts, was unsortiert irgendwo herumgelegen hätte. Hin und wieder benötigten meine Halbgeschwister ein Werkzeug, entweder um das Fahrrad zu reparieren oder für etwas Anderes. Mein Vater bemerkte das Fehlen des Werkzeuges sofort. Bei der nächstbesten Gelegenheit, meistens beim Essen, bemerkte er nur beiläufig, aber mit Nachdruck, dass ihm das Fehlen des Werkzeugs auffiel. Meinem Vater war egal, wer das Werkzeug nahm, und er wies eindeutig an, dass sich das fehlende Werkzeug am nächsten Tag wieder an seinen Platz befinden sollte. Ich kann mich an keinen Tag erinnern, an dem mein Vater je die Stimme erhob oder schimpfte. Meine Halbgeschwister behandelte er liebevoll und war ihnen ein guter Vater.

Einmal im Jahr nahmen meine Eltern ihren Urlaub in den Sommermonaten, meistens dann, wenn die Sommerferien der Schulen waren. Wenn mein Vater begann, auf den Hof das Moped zu inspizieren und notwendige Reparaturen durchführte, wusste ich, dass es wieder Zeit wurde, in den Wald zu fahren, um Heidelbeeren zu pflücken. Gerne sah ich meinem Vater bei der Arbeit zu, denn es war immer spannend, wenn er an etwas herumbastelte und die Maschinen benutzte. Die ganze Zeit hielt ich mich dann an seiner Seite auf und meinem Vater war klar, was ich wollte.

„Na, möchtest du wieder mitkommen?" fragte mein Vater. Er wusste genau, dass ich das wollte.

„Gehe rein zu Mutter und sage Bescheid, dass ich dich mitnehmen werde."

Wenn es dann losging, war meine Aufgabe klar vorgegeben. Ich musste das kleine Tor, zwischen der Werkstatt und der Diele, welches den Zugang zum dahinterliegenden Garten und den Ställen ermöglichte, öffnen, so dass mein Vater mit dem Moped durchfahren konnte.
Das gleiche galt für das Tor am Ende des Gartens. Erst dann durfte ich mich auf den extra angebrachten Sitz auf das Moped setzen. Damals war noch keine Helmpflicht und es kümmerte niemanden, dass auf einem einsitzigen Moped noch eine zweite Person mitfuhr. Mit dem Moped mitzufahren, war so ziemlich das Größte, was ich an Spaß haben konnte.

Bevor mein Vater als Kranfahrer in einem Betrieb arbeitete, half er in einer Försterei aus und kannte die Wälder

der Umgebung genau. So wusste er die geheimsten Plätze im Wald, an denen man die Heidelbeeren und im Herbst die Pilze sammeln konnte.
Jeder von uns hatte einen Sammelkorb dabei. Mein Korb war selbstverständlich etwas kleiner als der meines Vaters. Irgendwie bekam ich jedes Jahr dieselben Schwierigkeiten mit den Heidelbeeren, denn der Korb, wollte und wollte nicht voller werden.
„Du musst die Beeren in den Korb packen und nicht in deinem Mund stecken!" sprach mein Vater und lächelte, als er die blaue Farbe vom Beerennaschen in meinem Gesicht sah.

Wenn die Körbe voll genug waren, ging es auf die Heimreise. Mit den Heidelbeeren backte meine Mutter leckeren Kuchen und die restlichen Heidelbeeren weckte sie ein.
Mein Vater verbrachte nach der Arbeit und an den Wochenenden viel Zeit im Garten oder in der Werkstatt, denn auf den Hof gab es immer etwas zu bauen und zu reparieren. Trotz der geringen Größe des Hofes wurde hier die Wäsche auf gespannte Wäscheleinen zum Trocknen aufgehängt und mit Wäschestangen hochgehalten. Ich kann mich noch schwach daran erinnern, dass ich als kleiner Junge an heißen Sommertagen in einer auf dem Hof aufgestellten Zinkwanne badete.
Wenn die Brutzeit unserer Hühner zu Ende war und die Küken geschlüpft waren, rannten unzählige kleine gelbe Küken auf den Hof herum. Zu dieser Zeit war von uns alle höchste Konzentration gefragt. Nicht selten kam es vor, dass wir aus Versehen auf ein Küken traten und meine Mutter, welche die Angewohnheit besaß, alle Kü-

ken zu zählen, fand es gar nicht lustig, wenn am Abend die erschreckende Nachricht eintraf, dass ein Küken fehlte.

Meine Mutter war äußerst tierlieb und bevor sie einem Tier hätte etwas antun können, wäre dieses eher an Altersschwäche gestorben.

An den Wochenenden gab es hin und wieder ein gebratenes Hähnchen oder eine Ente. Die Aufgabe des Schlachtens übernahm mein Vater oder einer meiner älteren Halbgeschwister. Da es an Eiern nicht mangelte, gab es fast täglich Eier zum Essen, gekocht oder als Rührei.

Obst und Gemüse gab es ebenfalls reichlich. Was in den Sommermonaten an Obst und Gemüse aus unserem Garten nicht verzehrt werden konnte, weckten wir für den Winter ein. Beim Schneiden von Obst und Gemüse oder beim Auskochen und dem Befüllen der Gläser halfen alle Kinder mit. FrischeMilch bekamen wir teilweise von unseren Ziegen, welche Toni und Froni hießen. Anders als andere Kinder besuchte ich nur in den seltensten Fällen einen Kindergarten. Da sich meine Mutter um meine in ca. zweijährigem Abstand geborenen Geschwister kümmerte, war sie täglich zu Hause.

Fast ausschließlich spielte ich im Garten oder dem darauf befindlichen, aus Stein gebautem Speicher, in dem das Heu und das Stroh für die Tiere lagerten. Wenn das Stroh und das Heu hoch genug gestapelt war, bin ich auf der Leiter zu den Dachbalken hochgeklettert und hineingesprungen. Zudem bot der Speicher Unterstellmöglichkeiten für andere interessante Gegenstände, mit denen ich ebenfalls spielte. Vor dem Speicher fertigte mein Vater eine breite Treppe aus Beton an und so konnte man auch mit der Schubkarre, über einer angelegten Holzbohle, den Speicher hinauffahren. Wenn es im Winter viel Schnee gab, schaufelten wir den Schnee so auf der Treppe auf, dass die Treppe als Rodelberg genutzt werden konnte. Den Hohlraum unter der Treppe nutzten sehr oft Igel zum Überwintern. Es kam vor, dass sich verletzte Tiere auf unser Grundstück verirrten. Sofort war meine Mutter zur Stelle - der Notdienst für kranke Tiere - und pflegte sie, bis sie wieder gesund waren. Ob es die Krähe Koraks, die Katze Minka oder der Vogel mit gebrochenem Flügel war, jedes dieser kranken Tiere hat bis zur vollständigen Genesung in einem Käfig auf den Speicher einen Platz gefunden. Wenn die Zeit näher kam, die gesunden Tiere wieder frei zu lassen, war meine Mutter sehr traurig.

An die Aufteilung der Zimmer unseres Hauses erinnere ich mich noch genau. Die Zentrale bildete die Küche mit dem Kohlenherd. Das kleine Wohnzimmer, welches nach vorn zur Straßenseite zeigte, wurde nur selten genutzt, meistens dann, wenn wir Besuch von den Verwandten bekamen. Gleich daneben befand sich das Schlafzimmer meiner Eltern, gefolgt von einem Badezimmer mit Badeofen und einem WC.
Wenn ich an den Wochenenden mit dem Baden fertig war, kam mein Vater mit einem riesigen Badetuch.
Im Badetuch vollständig eingewickelt, rubbelte er mich trocken. Anschließend brachte er mich zu Bett, und wenn er nicht allzu sehr von der Arbeit geschafft war, las er

mir aus einem Buch vor. Das Kinderzimmer, in dem drei Doppelstockbetten standen, zählte zu den größten Räumen des Hauses.

Dieser wurde von fast allen Geschwistern genutzt. Nur mein ältester Halbbruder Romeo baute sich in der oberen Etage ein eigenes Zimmer aus. Die obere Etage war eigentlich der Dachboden und für mich absolutes Tabu. Hin und wieder wurde an nassen und kalten Tagen die Wäsche zum Trocknen auf den Dachboden gestellt oder die freie Fläche dafür genutzt, andere Gegenstände aufzubewahren.

Im Kinderzimmer stand ein Fernseher direkt am Fenster zum Hof hin und wir schalteten diesen nur dann ein, wenn der Sandmann, Feriensendungen oder ausgesuchte Kinderfilme kamen. Meine Eltern nutzten das kleine Wohnzimmer, wenn sie fernsehen wollten.

Bis auf einige Ausnahmen genoss ich bis zu meinem sechsten Lebensjahr eine unbeschwerte, behütete und schöne Kindheit.

Einschulung

Mit sieben Jahren wurde ich am 01.09.1971 eingeschult. Schon lange vorher erzählten meine Eltern, wie toll die Schule sei und was man alles so lernen könne.
Je näher der Tag rückte, desto aufgeregter wurde ich. Die größte Aufregung galt wohl der Schultüte. Noch nie sah ich so viele Süßigkeiten auf einem Haufen liegen, auch

zu Weihnachten nicht. Stolz wie Bolle, gekleidet mit einem langärmligen Hemd und einer von meiner Mutter selbstgestrickten Hose, trug ich auf dem Weg zur Schule meinen Schulranzen auf dem Rücken und die große Schultüte vor mir her. Auf dem Weg begegneten mir noch viele andere Kinder, die ebenfalls ihre Einschulung hatten. Um zukünftig zu wissen, wie ich zur Schule komme, sind meine Eltern mit mir jenen Weg gegangen, welcher der Schulweg werden sollte. Insgesamt war es nur ein Fußmarsch von zwanzig Minuten und ich musste nur dreimal die Straße überqueren. Einmal gleich in der Nähe unseres Hauses an der sogenannten Normaluhr. Ich habe keine Ahnung, warum wir damals die große, direkt auf der Kreuzung stehende Uhr so bezeichneten. Immer weiter geradeaus überquerten wir noch die Straße bei der Post und die Kreuzung an der Sandstraße, die dann aber nach links in Richtung Schule abbog.
Bei der Goethe-Schule angekommen, konnte man schon viele ABC-Schützen mit ihren Eltern erkennen. Einige Kinder legten ihre Schultüte und den Schulranzen ab und tobten sich kreischend auf dem Schulhof aus. Die Eltern bekamen alle Hände voll zu tun, da sich ihre Kinder die schönen Sachen nicht schmutzig machten sollten.
In der Sandstraße vor der Schule stehend, würde man nicht vermuten, dass dieses Gebäude eine Schule war. Das aus Holzfachwerk bestehende alte Gebäude glich eher einem Wohngebäude mit großem Tor. Nur der Schriftzug mit der Schulbezeichnung machte deutlich, was sich hier befand. Das Schulgelände bestand, durch einen kleinen Pausenhof geteilt, aus einem vorderen und einem hinteren Gebäude.

In dieser Schule wurde ich 1971 eingeschult.

Wenn man von der Straße aus durch das große Tor lief, ging man erst unter dem ersten Stock des vorderen Gebäudes durch. Dahinter war, mit hohen Mauern zu beiden Seiten, der kleine Pausenhof und anschließend kam das Hauptgebäude. Ein langer, schriller Klingelton kündigte an, dass die Veranstaltung losging.

Als eine Frau, wahrscheinlich die Schuldirektorin, mit einem Mikrofon die neuen Schüler und ihre Eltern herzlich willkommen hieß, wurde es langsam ruhiger auf dem Schulhof. Eltern und Kinder versuchten den Worten der Direktorin zu folgen. Während sie damit begann, zu erklären, was im kommenden Schuljahr, auf die neuen Schüler und deren Eltern zukommen würde, bereiteten sich die Schulkinder des Vorjahres schon auf ein kleines Programm vor. Vor dem Eingang des Hauptgebäudes sangen sie dann einstudierte Lieder und huldigten der schönen Schulzeit. Nach dem die Vorstellung der Kinder zu Ende war, meldete sich die Schuldirektorin wieder zu

Wort. Mit klaren Anweisungen bat sie die zu ihrer Seite stehenden Lehrerinnen und Lehrer, die zu ihren Klassen gehörenden Kinder aufzurufen und sich an einer gekennzeichneten Stelle auf dem Schulhof zu versammeln. Kaum waren die Worte der Schuldirektorin ausgesprochen, ging auch schon das große Durcheinander los. Es dauerte eine ganze Weile, ehe alle Klassen vollständig waren und Schüler, welche sich versehentlich falsch aufstellten, ihrer Klasse zugeordnet werden konnten. Die neuen Klassen mit knapp zwanzig Schülern teilten sich in Klasse 1a bis 1c auf.

Unsere Klassenlehrerin Frau Priskorn besaß eine ruhige und freundliche Ausstrahlung. Fröhlich forderte sie uns auf, ihr zu folgen. Unser Ziel war das vordere Gebäude der Schule, das alte, aus Holzfachwerk gefertigte Haus. Unseren Klassenraum konnten wir direkt von der Straße aus betreten. Durch eine gegenüberliegende Tür im Flur war es möglich, auf den Pausenhof zu gelangen. Die kleinen, im Haus eingebauten Fenster ließen den Raum dunkel wirken. Selbst an hellen Tagen gelangte nur spärlich Tageslicht in den Raum.

Frau Priskorn bat alle Schüler, sich vorerst einen Platz im Klassenraum auszusuchen. Die Einteilung nach Sitzplan würde sie später vornehmen. Nun galt es, die Lehrbücher für die unterschiedlichen Unterrichtsfächer in Empfang zu nehmen. Auf einer Liste war vermerkt, welcher Schüler welches Buch bekam. Uns Schülern und den Eltern wurde eine Liste ausgehändigt, auf der weitere Informationen standen, welche Hefte und andere Materi-

alien für den Unterricht noch benötigt und gekauft werden müssen. Nach dem uns der zukünftige Unterrichtsraum gezeigt wurde und die Formalitäten geklärt waren, begaben wir uns über den Pausenhof zum Hauptgebäude. Hier lernten wir abschließend noch das Lehrerzimmer, das Zimmer der Schuldirektorin und die Schulküche kennen. Die Veranstaltung war damit beendet.
Aufgeregt und erzählend, traten die Eltern mit ihren Schützlingen den Heimweg an. Mir noch nicht ganz im Klaren darüber, was in Zukunft auf mich zukommen würde, verbrachte ich den Rest des schönen Tages spielend im Garten. Eine Feier gab es nicht.
Am frühen Abend, als es hieß, die Vorbereitungen für den kommenden Schultag zu treffen, wurde mir bewusst, dass die schöne Zeit unbeschwerter Kindertage zu Ende war, denn von nun an war ich ein Schulkind.

Die ersten zwei Schuljahre

Jeden Abend um die gleiche Zeit wurde das Abendessen gemacht, die Schultasche gepackt und die Sachen für den nächsten Schultag zurechtgelegt. Um sechs Uhr morgens klingelte der Wecker und riss mich gnadenlos aus meinem Schlaf.

Meine Pausenbrote wurden abwechselnd von meinen Eltern geschmiert. Wenn beide Eltern mal nicht konnten, musste diese Aufgabe, nur widerwillig, einer meiner Halbgeschwister übernehmen. Schon nach wenigen Wochen meiner Schulzeit kam es häufiger vor, dass ich mit leerer Brottasche das Haus verließ. So musste ich schon als Erstklässler lernen, meine Pausenbrote selbst zu schmieren.

Nach dem Frühstück, gegen halb sieben, ging ich dann zur Schule. Anfangs lief ich mit den älteren Halbgeschwistern mit. Ohne Notiz von mir zu nehmen, unterhielten sie sich mit anderen Klassenkameraden, die während des Schulweges hinzu kamen. Einige Wochen später habe ich den Schulweg allein angetreten. Den Anweisungen meiner Eltern folgend, benutzte ich in der ersten Klasse den für mich bestimmten Schulweg.

Als es in der Hopfenstraße, da wo unser Haus stand, noch das Holzsägewerk und den Kohlehandel gab, ging ich oft mit einem Mädchen namens Silvia, zur Schule. Sie ging zwar in die Parallelklasse, aber wir wohnten in derselben Straße, benutzten denselben Schulweg und verstanden uns auch sonst gut. Irgendwann wurde eine Freundschaft daraus und wir verbrachten unsere Freizeit zusammen. Mal spielten wir in unserem Garten oder auf dem großen Gelände vom Holzsägewerk, wo Silvia wohnte.

Gerade hatte ich mich an den Alltag des Schullebens gewöhnt, als es den nächsten, merklichen Einschnitt in meinem Leben gab. Kurz nach meiner Einschulung, wurde Fridtjof, mein letzter Bruder der jetzt zehnköpfigen Familie, im Herbst 1971 geboren. Nun galt alle Aufmerksamkeit dem jüngsten Familienmitglied und nach Ingo und Stephan geriet ich noch weiter in den Hintergrund.

Hier befand sich früher mein Schulhort.

An den Besuch eines Hortes, so nannten wir die Nachmittagsbetreuung nach der Schule, kann ich mich nur wenig erinnern, da meine Mutter wegen des neugeborenen Kindes täglich zu Hause war. So gab es nur gelegentlich den einen oder anderen Nachmittag, den ich im Hort verbrachte. Der Schulhort befand sich nicht weit von der Schule entfernt. Es war ein aus Klinkermauerwerk gebautes Eckgebäude mit einem kleinen Hof in einer Nebenstraße der Innenstadt. Wenn es einen Tag gab, an dem ich in den Hort gehen musste, lief ich nach der Schule über die Straße vorm Haupteingang des Schulgebäudes, entlang der Kinostraße, vorbei an etlichen kleinen Geschäften, durch die Innenstadt zum Hort. Dieser Weg war kürzer und sicherer als die viel befahrene Sandstraße.

Die Innenstadt von Gardelegen.

Silvia, meine Freundin aus der Parallelklasse, besuchte jeden Tag den Schulhort. Ihre Eltern arbeiteten tagsüber, und nach der Arbeit holten sie Silvia vom Hort ab. An Tagen, an denen die Eltern es nicht schafften, Silvia abzuholen, erhielt sie einen Zettel mit der Genehmigung, dass sie alleine nach Hause gehen durfte. Silvia freute sich dann besonders, wenn wir zusammen den Heimweg antraten. Ab der zweiten Klasse nahm ich wie meine Halbgeschwister die Abkürzung zur Schule.

Nicht wie üblich verließ ich dann das Haus durch die Haustür nach vorn zur Straße, sondern über den Hof und den Garten, nach hinten hinaus.Durch das Gartentor führte die Abkürzung auf der gegenüberliegenden Straßenseite, durch ein Labyrinth von kleinen Gärten. Anfangs hatte ich Schwierigkeiten, mir den Weg zu merken, denn ein Weg glich dem anderen. Nach ein paar Tagen jedoch fand ich dann den richtigen und sicheren Weg durch die Gartenanlage.

Das ehemalige Stadtbad von Gardelegen.

Hinter der Gartenanlage befand sich das kleine Stadtbad. Das Stadtbad, an das ich viele Erinnerungen habe, ist heute vollkommen verwildert und wird nur noch von Anglern genutzt. Nochmals eine Straße überquerend und etwa zweihundert Meter den Stadtgraben entlang, konnte ich von hinten das Schulgelände betreten. Der Weg über die Abkürzung brachte ein paar Minuten Zeitersparnis. Zeit genug, um sich beim Bäcker anzustellen, der sich gegenüber der Schule befand. Diese Bäckerei backte weit und breit die besten Salzbrötchen.

Jedes Schulkind, welches irgendwo ein paar Pfennige Taschengeld zusammenkramen konnte, kaufte sich dafür leckere, frische, warme Salzbrötchen. Die Brötchen, bestreut mit groben Salzkörnern kosteten damals, wenn ich mich recht entsinne, sechs Pfennige.

Der Stadtgraben von Gardelegen.

Am Ende des Schultages, in der Regel nach dem Essen in der Schulküche, ging ich über die Abkürzung direkt nach Hause. Naja, vielleicht nicht „direkt", denn als Kind erlag ich hin und wieder, den großen Abenteuern des Heimweges. Der Stadtgraben hinter der Schule bot dafür unendliche Möglichkeiten. Im Winter wurde er zum Schlittschuh laufen genutzt und im Sommer, um darin zu baden. Inmitten des Stadtgrabens war eine kleine Insel und wurde von den ansässigen Enten als Brutplatz genutzt. Damals war der gesamte Graben noch mit hohem Schilf, Sträuchern und kleineren Bäumen umgeben. Wenn die Badesaison eröffnet war, wurde dieser Graben zu einer inoffiziellen Badeanstalt. Verliebte Jugendliche benutzten das dichte Schilf, um sich darin zu verstecken.

Meine Eltern verboten, diesen Graben im Winter oder im Sommer, so wie es alle anderen taten, zu benutzen.
Doch meine älteren Halbgeschwister ignorierten wie so oft dieses Verbot.

Der Stadtgraben war ein gefährlicher Ort - es war vorgekommen, dass Kinder, Jugendliche oder Erwachsene ertranken oder im Winter auf dem zu dünnen Eis einbrachen. Direkt hinter der Schule verlief ein kleiner Bach, es war der Laugebach. Als Kind, war mir der Bach viel größer in Erinnerung. Dem Verbot meiner Eltern folgend, den Stadtgraben zu umgehen, nutzte ich den kleinen Bach, um meinen abenteuerlichen Fantasien nachzugehen.
Nicht selten kam es vor, dass dabei die Schuhe und die Kleidung nass und schmutzig wurden. Die Begeisterung meiner Mutter darüber hielt sich in Grenzen und schon bald bekam ich den Spitznahmen Lumpi.
In der ersten bzw. zweiten Klasse durfte ich nur in Begleitung meiner älteren Halbgeschwister in das auf dem Schulweg liegende Stadtbad gehen. Jedoch kam das selten vor, da meine Halbgeschwister immer eine Ausrede parat hatten, um die Aufgabe als Babysitter umgehen zu können. Es blieb mir daher keine andere Wahl, als an den heißen Sommertagen die auf unserem Hof aufgestellte Zinkbadewanne als Schwimmbecken zu nutzen.

Auch das Labyrinth der kleinen Gärten des Schulweges boten jede Menge Möglichkeiten zum Spielen. Im Winter war alles kahl und öde, doch im Sommer spielten wir oft in den hohen Hecken.

Die vielen Obstbäume luden gerade dazu ein, den einen oder anderen Apfel zu ergattern. Nur erwischen lassen durfte man sich nicht, denn dann gab es Ärger und die Eltern wurden benachrichtigt. Zu der obligatorischen Entschuldigung kam auch noch ein Hausarrest oder Fernsehverbot hinzu. Dennoch ließen wir uns nicht davon abbringen, die schönen Obstbäume der Gärten zu erobern. Zu meiner Verteidigung muss ich gestehen, dass ich nur Schmiere stand, aber auch das war ein verantwortungsvoller Posten. Hinter den Gärten verlief ein Fluss, die Milde.

Sie versorgte das hiesige Stadtbad mit Wasser und war schon etwas tiefer und größer als der Laugebach hinter der Schule. Wegen der Gefährlichkeit war uns das Spielen an diesem Fluss verboten worden. Jeglichen Verboten zum Trotze, trieben meine älteren Halbgeschwister an diesem Fluss ihren Unfug. Ich erinnere mich noch genau daran, dass von meinen Halbgeschwistern aus kleinen Holzstämmen ein Floß gebaut wurde. Bei der Inbetriebnahme des Floßes mussten sie aber feststellen, dass seine Konstruktion den Anforderungen nicht standhielt. Die Bescherung war abzusehen und die entsprechenden Reaktionen meiner Eltern ebenfalls. Bei diesem „Spaß" kam die teure Trainingsjacke eines meiner Halbbrüder abhanden. In der Haut meines Bruders hätte ich nicht stecken wollen, als meine Mutter das Fehlen der Jacke bemerkte.

Neben dem Anzünden eines Kornfelds, welches sich noch in letzter Sekunde löschen ließ, kam so einiges an Unfug von meinen Halbgeschwistern zusammen. Die häuslichen Pflichten nahmen sie auch nicht so ernst und

beim Füttern der Hühner, wurde zum Beispiel das Futter einfach in den Dreck gestreut und nicht, wie angewiesen, in den Futterkrug.
Weil der Verantwortliche gerade nicht zugegen war, bekam ich „in Vertretung" die saftige Ohrfeige und leider wiederholten sich solche Situationen, allzu oft. Durch die Geburt meines jüngsten Bruders Frithjof war meine Mutter wegen der Menge anfallender Arbeiten, überwiegend gereizt und genervt, so ist ihr schnell mal die Hand ausgerutscht und nicht selten traf sie mich.

Langsam wurde das Haus zu klein. Kinderreiche Familien bekamen in der DDR besondere Unterstützung, wenn es um die Finanzierung eines Eigenheimes ging. Meine Eltern beschlossen daher, ein neues, größeres Haus zu bauen. Um zusätzliche Kosten abdecken zu können, suchte sich mein Vater eine neue Arbeitsstelle als Kranfahrer in einem Asbestzementwerk. Das Schichtsystem brachte zwar ein höheres Einkommen, besaß aber auch einen Nachteil, denn mein Vater besaß noch weniger Zeit für mich. Jede freie Minute, jeder freie Tag und jedes freie Wochenende verbrachte mein Vater auf der Baustelle beim Hausbau. Selbst der Urlaub wurde für das Vorantreiben des Hausbaus geopfert. Die schönen Fahrten in die Heidelbeeren im Sommer und das Pilzesuchen im Herbst waren somit gestrichen.

Anfangs schien mit dem Hausbau alles ganz gut zu laufen, doch später häuften sich die Tage, an denen sich meine Eltern stritten. Die meiste Zeit ging es um den Hausbau.

Entweder ging es meiner Mutter nicht schnell genug voran, die Baustoffe konnten nicht geliefert werden oder beim Mauern wurde wieder etwas falsch gemacht.

Es gab für meine Mutter immer einen Grund, sich über irgendetwas aufzuregen. Wenn es meinem Vater zu viel wurde und er merkte, dass er es meiner Mutter nicht recht machen konnte, ging er einfach in den Garten oder in die Werkstatt. Irgendwann war es dann soweit, dass meine Eltern kaum noch ein Wort miteinander wechselten und mein Vater immer öfter bei uns im Kinderzimmer schlief. Um uns nicht zu beunruhigen, erzählte mein Vater, dass unsere Mutter mit Frithjof ihre Ruhe bräuchte. Das Streiten meiner Eltern belastete mich sehr, weil es keine Besserung gab. Das Resultat daraus war, dass meine schulischen Leistungen litten und ich mich immer weiter zurückzog und verschlossener wurde. Bei meinen Hausaufgaben konnte ich mich kaum noch konzentrieren. Meine Mutter hatte von meinen Leistungsabfall in der Schule Wind bekommen, da die Lehrer sich entsprechend sorgten und nachfragten, welche Probleme ich hätte. Mir bei meinen Hausaufgaben zu helfen, war nicht die weiseste Entscheidung meiner Mutter. Geduldig war sie nicht, denn bei jeder falschen Lösung einer Rechenaufgabe erhielt ich eine Ohrfeige. Ich war nicht mehr dazu imstande, die einfachsten Rechenaufgaben zu lösen, ohne Angst davor zu haben, dass mich die nächste Ohrfeige ereilt. Oft trug ich die Hausaufgaben von den Lehrern nicht mehr in das Hausaufgabenheft ein und kassierte lieber eine schlechte Note. Lange hielt der Trick nicht an, die Hausaufgaben nicht mehr einzutragen, denn schon bald rochen die Lehrer sowie meine Mutter den Braten und das Anfertigen der Hausaufgaben zu Hause wurde im üblichen Ablauf nicht besser. Die Leistungen in der Schule und meine Noten verschlechterten sich weiter. Meiner Mutter wäre nie eingefallen, dass meine schlechten Schulnoten irgendetwas mit dem Streiten der Eltern zu tun haben könnte. Vielmehr kam sie auf den Gedanken, ich müsste mich mit etwas ablenken und sie kam auf die geniale Idee, dass ich auf der Baustelle helfen könnte und meldete mich sogar bei einem Judokurs an. Schon lange wechselten meine Eltern kein Wort mehr mit einander und lebten nur noch aneinander vorbei. Steine stapeln und Kies sieben, sogar die Judostunden halfen mir dabei, die immer schlechter werdende Ehe meiner Eltern zu ertragen. Welche Auswirkung der Judokurs für mein späteres Leben haben wird erzähle ich an einer anderen Stelle meiner Geschichte.

Das neue Haus

Mein Vater beim Hausbau auf der Baustelle.

Im Sommer 1973 war der Bau des neuen Hauses fast fertiggestellt. Zwar waren noch viele Arbeiten notwendig, aber für den Einzug reichte es.

Auf dem Schuldenhügel, so nannten wir das Bauland auf dem neue Eigenheime entstanden, waren wir so ziemlich die Ersten, die darauf ihr neues Haus bauten. Es war ein großes, aus Ackerland bestehendes und schwer zugängliches Gelände. Die meisten Familienmitglieder freuten sich auf das neue Haus, mir hingegen war etwas flau im Magen, denn so richtig anfreunden konnte ich mich nicht mit dem Gedanken, mein Geburtshaus nun endgültig verlassen zu müssen. Es gab zu viele Erinnerungen an jenes Zuhause, welches mir die nötige Sicherheit und Geborgenheit gab. Schon Wochen zuvor wurden Umzugskisten und Koffer gepackt, um diese in das neue Haus zu transportieren. Nun hieß es Abschied nehmen, von der gewohnten Umgebung, von der alten Schule, von Freunden und Klassenkameraden.

Der neue Garten war nur halb so groß wie der alte, doch meine Mutter legte gesteigerten Wert darauf, dass alle Tiere mitkamen. Der Garten glich einem Katastrophengebiet, alles lag kreuz und quer herum. Baumaterialien und Tiere teilten sich gleichermaßen das Territorium, auf dem nur zwei Bäume standen, ein kleiner Apfelbaum und ein riesiger Kirschbaum. Sträucher oder Rasen suchte man vergebens. Wir besaßen zwar kein Auto, aber eine Garage gab es trotzdem. Gleich dahinter präsentierte sich eine kleine Werkstatt, gefolgt von einem Hühnerstall. Von einem der Wohnzimmer gelangte man direkt auf eine erhobene Terrasse mit schräg angelegtem Steingarten.
Im Großen und Ganzen war es ein schönes Haus, ein Standardbau mit relativ großen Räumen und einem Keller, vor dem ich mich nicht mehr fürchten musste, wenn es hieß, Kartoffeln oder ähnliches zu holen. Es gab sogar eine Zentralheizung, eine sehr angenehme Neuheit, denn das lästige Kohlenschleppen war damit beendet.

Die kompletten Sommerferien verbrachten wir damit, das Haus in einen alltagsfähigen Zustand zu versetzen. Alle mussten mithelfen, ohne Ausnahme. In der obersten Etage des Hauses befanden sich drei Zimmer, zwei große und ein kleines. Eins davon war das Schlafzimmer meiner Mutter, welches sie mit meinem Vater nicht mehr teilte. Das zweite Zimmer war ein Kinderzimmer mit zwei Doppelstockbetten und das kleinere dritte Zimmer, riss eines meiner Halbgeschwister an sich. In der unteren Etage befanden sich fünf Räume mit einem Flur. Zwei Wohnzimmer, die Küche, das Bad mit WC und ein weiteres Kinderzimmer.

Ich teilte mir mit meinen drei Brüdern das große Zimmer mit den zwei Doppelstockbetten in der oberen Etage. In der ersten Zeit waren die Nächte sehr anstrengend, weil meine Mutter nachts nach meinem jüngsten Bruder Frithjof schaute. Frithjof war erst knapp zwei Jahre alt, wurde oft wach und weinte viel. Der Keller besaß weitere sieben Räume. Aufgeteilt waren diese in einen Vorraum, Kohlenkeller, Heizungsraum, Waschküche, Wäscheraum, ein WC und einen Mehrzweckraum. Der Mehrzweckraum wurde von meinen älteren Halbgeschwistern genutzt, wenn sie an den Wochenenden von der Lehre nach Hause kamen. Nachdem das Haus fertiggestellt war, trennten sich meine Eltern und der Wäscheraum wurde vorerst als Wohnraum für meinen Vater umgebaut.

Bis heute kenne ich den Grund für die Trennung meiner Eltern nicht, nur Gerüchte waren bekannt, die innerhalb der Familie im Umlauf gebrachte wurden.

Mein Vater redete nie über die Trennung und ich fragte nie nach. Wenn meine Mutter etwas haben wollte, dann bekam sie es auch, sie war rechthaberisch und verstand es vorzüglich, alle Familienmitglieder gegeneinander aufzuwiegeln. An meinem Vater jedoch biss sie sich die Zähne aus. Dass sich mein Vater nie aus der Ruhe bringen ließ, machte meine Mutter wahnsinnig.

Langsam aber sicher näherte sich das Ende der Sommerferien, das Haus wurde halbwegs bewohnbar und es blieb nur noch wenig Zeit, Vorbereitungen für das neue Schuljahr zu treffen. Fehlendes Schulmaterial musste noch besorgt und der neue Schulweg erforscht werden. Bisher war keine Zeit dafür, sich Gedanken darüber zu machen, wie es wohl in der neuen Schule anlaufen würde. Je näher die Zeit heranrückte, umso unwohler fühlte ich mich. Am Wochenende vor dem Schulbeginn kundschaftete ich die Umgebung sowie den neuen Schulweg aus.
Aufgeregt, aber motiviert ging ich am ersten Schultag des neuen Schuljahres zur Schule. Die Karl-Marx Schule war viel größer als die alte Goethe -Schule. Das moderne Gebäude mit großen, hellen Klassenzimmern und einem Pausenhof, welcher gleichzeitig als Sportplatz diente, war im Verhältnis zur alten Schule riesig. Der angrenzende Schulgarten an den Pausenhof bekam meine sofortige Aufmerksamkeit und ich fragte mich, ob wir die Gelegenheit bekämen, diesen zu benutzen. Doch zuerst hieß es, sich auf dem Pausenhof zu versammeln. Hier und da bildeten sich Gruppen mit Schülern, die sich bereits aus dem Vorjahr kannten und wieder in dieselbe

Klasse gehen würden. Bis auf die Tatsache, dass ich jetzt in die dritte Klasse ging, ähnelte das Durcheinander auf dem Schulhof dem Tag meiner Einschulung.

Nachdem das neue Schuljahr in Form eines Fahnenappells begrüßt wurde und die neuen Klassen zusammengestellt waren, hieß es erst einmal, die neuen Klassenkameraden kennenzulernen. Schüchtern und etwas zögerlich versuchte ich Kontakt zu den anderen Schülern aufzunehmen. Durch einen der drei großen Eingänge zum Pausenhof ging es dann direkt in den Klassenraum zur ersten Unterrichtsstunde.
Zurückhaltend betrat ich mit als letzer den Klassenraum. Die meisten Schüler nahmen die Plätze ein, auf denen sie im Schuljahr zuvor saßen. Da sich niemand für den Tisch in der letzten Reihe, direkt an der Tür des Klassenraumes interessierte, beschlagnahmte ich diesen für mich. Mir war es Recht so, denn ich hielt mich ohnehin lieber im Hintergrund auf. Ich setzte mich auf meinen Stuhl und verfolgte das Treiben der Schüler im Klassenraum. Dabei bemerkte ich, dass in der Fensterreihe und ebenfalls am letzten Tisch des Klassenraumes ein Junge, saß der den Eindruck vermittelte, als wäre auch er neu in der Klasse.
Wenige Minuten später betrat die Lehrerin den Klassenraum. Ohne ein Wort zu verlieren, durchschritt sie den Raum und die Stimmen der Schüler verstummten. Am Lehrertisch angekommen, legte sie ihre Unterlagen ab und sortierte diese. Kurz darauf begrüßte sie die Schüler mit einem freundlichen *„Guten Tag"*, woraufhin die Schüler der Klasse aufstanden und die Begrüßung der Lehrerin mit einem *„Guten Tag Frau Lehrerin"* erwiderten.

Nachdem sich die Lehrerin kurz vorstellte, bat sie die Schüler, sich wieder zu setzen und verteilte Blätter mit dem neuen Sitzplan für die Klasse. Die Freude darüber, eine Schulbank für mich alleine zu haben, hielt nicht lange an, ich nahm meine Schulmappe und setzte mich laut Sitzplan neben den Jungen, den ich zuvor beobachtet hatte. Während ich mich setzte, rückte mein neuer Banknachbar mit seinem Stuhl etwas beiseite. Ich tat so, als wäre es mir nicht aufgefallen und schaute mir die bemalte, zerkratzte Schulbank an. Wenige Augenblicke später bemerkte ich die zerknitterte und leicht schmutzige Kleidung des Jungen. Jetzt war mir klar, warum mein neuer Banknachbar mit seinem Stuhl von mir wegrückte. Seiner Kleidung nach kam er aus einer ärmlichen Familie und es musste ihm peinlich gewesen sein, sich so zu zeigen. Nachdem die neuen Sitzplätze eingenommen wurden, bat uns die Lehrerin, die Hausaufgabenhefte vorzunehmen und den Stundenplan für das kommende Halbjahr darin einzutragen. Als sich die Unterrichtsstunde dem Ende näherte, forderte die Lehrerin die Klasse auf, sich anschließend vor dem Schulgebäude für ein Klassenfoto zu versammeln.

In den folgenden Unterrichtsstunden stellten sich die neuen Lehrer vor und machten sich mit der Klasse und den Namen der Schüler vertraut. Immer wieder schauten die Lehrer auf den neuen Sitzplan, um die Schüler mit ihrem richtigen Namen anzusprechen. Im Wesentlichen wurde uns das neue Unterrichtsfach erklärt und wir erhielten Informationen darüber, wie das Schulhalbjahr ablaufen wird. Nach Schulschluss ging die gesamte Klasse in die Schulküche zum Essen.

Die Schulküche war auch gleichzeitig die Aula, in welcher die geplanten Veranstaltungen der Schule stattfanden.

Da unsere Schule recht groß war, gab es für die vielen Klassen strenge Regeln bei den Essenszeiten. Beim Benutzen des Pausenhofes war schnell klar, welche Klasse welchen Standort einnahm. In der Nähe von Hecken und Sträuchern war der Platz der neunten und zehnten Klasse, da hier fast ungestört geraucht werden konnte. Der aufsteigende Zigarettenqualm verriet schnell, was sie im Schilde führten. Die Lehrer kannten das Treiben und setzten dem schnell ein Ende. In den großen Pausen schlichen sich manche Schüler vom Pausenhof weg, um sich in der auf der gegenüberliegenden Seite der Schule befindlichen Kaufhalle Süßigkeiten, Brötchen oder Kuchen zu kaufen.

Wenn gegen 13.20 Uhr der Schultag geschafft war, trat ich den Heimweg an. An den unterschiedlichsten Arbeitsgemeinschaften der Klasse nahm ich nicht teil, weil meine Mutter dies nicht wünschte. Der Heimweg war nicht sehr lang und innerhalb von fünfzehn Minuten konnte das Zuhause erreicht sein, wenn man nicht träumte und unterwegs seinen abenteuerlichen Phantasien freien Lauf ließ. Die neue Umgebung, in der wir nun wohnten, bot dafür jede Menge Möglichkeiten. Wenn ich es schaffte, zu Hause anzukommen, war mein erster Weg über den Garten in den Keller und ich schaute ob mein Vater zu Hause war. Da mein Vater in Schichten arbeitete und ich seine Arbeitszeiten nicht kannte, war es eher ein Glücksspiel, ihn zu Hause anzutreffen.

Wenn er von der Frühschicht zurück kam, hielt ich mich am Nachmittag bei ihm im Zimmer auf und machte dort meine Hausaufgaben. Die Zeiten, an denen ich Freizeit mit meinem Vater verbrachte, wurden immer weniger. Entweder war er auf Arbeit, musste nach der Schicht schlafen, oder war unterwegs auf der Suche nach einer Wohnung. Wohnungen waren zu dieser Zeit entweder Mangelware oder man konnte sie sich nicht leisten. Mutter machte zusätzlichen Druck, weil sie wollte, dass mein Vater so schnell wie möglich auszieht.

Meine ohnehin angeschlagenen schulischen Leistungen ließen noch weiter nach und meine Gemütsstimmung erreichte eine gefährliche Grenze. Ein ganzes Jahr sollte noch vergehen, bis der Höhepunkt erreicht war. Die dritte Klasse schaffte ich gerade so und meine Eltern wurden nach einer regelrechten Schlammschlacht gegen meinen Vater 1974 geschieden. Nachdem mein Vater auszog, spürte ich eine unerträgliche Leere in mir. Wie durch einen tonnenschweren Klotz, der auf meiner Brust lag, bekam ich kaum noch Luft zum Atmen und ich hielt es zu Hause nicht mehr aus. Meine Halbgeschwister und Geschwister kümmerte es nicht und sie waren froh darüber, dass mein Vater ausgezogen war. Unter Androhungen, abzuhauen, weil ich es zu Hause nicht mehr aushielt, verbrachte ich die Sommerferien vor der vierten Klasse mehr schlecht als recht. Schlaflose Nächte kamen zum Dilemma hinzu.

Auszeit

Meine Mutter schien mitbekommen zu haben, dass mit mir etwas nicht stimmte und nach dem ich ihr mitteilte, dass ich es ohne meinen Vater zu Hause nicht aushalten würde, lenkte sie ein und suchte nach einer Lösung.

Kurz vor Ende der Ferien kam meine Mutter mit einer Idee zur Lösung meines Problems nach Hause. Als Krankenschwester in einer Nervenklinik arbeitend, machte meine Mutter den Vorschlag, mich in dieser Klinik für unbestimmte Zeit unterzubringen. Mir war zu diesem Zeitpunkt noch nicht klar, welchen Hintergedanken meine Mutter verfolgte, doch zu diesem Zeitpunkt war mir alles egal, Hauptsache ich war weit weg von zu Hause und den nervigen Geschwistern.

Nachdem die Formalitäten geklärt waren, zog ich mit einem großen braunen, aus Sperrholz bestehenden Koffer, vollgepackt mit meinen wichtigsten Sachen, in eines der auf dem Gelände der Klink stehenden Gebäude ein. Die neue Umgebung, welche den typischen Charakter eines Krankenhauses besaß, war etwas gewöhnungsbedürftig. Von den Stationsschwestern herzlich aufgenommen, wurde mir gezeigt, wo sich welche Räume befanden und wie sich der Tagesablauf gestaltete.
Nach einer kurzen Eingewöhnungszeit passte ich mich schnell dem Leben in der Klinik an. Mit Beginn des neuen Schuljahres besuchte ich nun als Viertklässler die Schule meines vorläufigen, neuen Zuhauses.

Die Anzahl der Schüler war im Vergleich zur alten Klasse geringer und es gab gemischten Unterricht. Die Gruppe bestand aus Schülern der ersten bis dritten Klasse und alle wurden gleichzeitig von nur einem Lehrer unterrichtet. So bekamen Schüler aus der einen Klasse andere Aufgaben für die Zeit, in der sich der Lehrer mit den Schülern einer anderen Klasse beschäftigte. Die Art und Weise der Unterrichtsführung war für mich neu, da sich jeder Schüler oft mit seinen Aufgaben alleine beschäftigen musste. Zum größten Teil bekam ich als Viertklässler Aufgaben aus der ersten bis dritten Klasse, was mich sehr verwunderte. Ich dachte erst, die Lehrer würden nicht durchsehen, doch später wurde mir klar, welches Ziel sie damit verfolgten. Durch die Wiederholungen aus dem Lehrstoff der Schuljahre zuvor verstand auch ich so langsam die eine und andere Aufgabe, an welcher ich zuvor gescheitert war. Meine Zensuren konnte ich ebenfalls verbessern. Die kleinen, aber wichtigen Erfolge in der Schule taten mir gut und es gelang mir, größeren Abstand von meinen eigentlichen Problemen zu gewinnen.

Es vergingen nur wenige Wochen, als ich plötzlich für gelegentliche Untersuchungen bei verschiedenen Ärzten vorgestellt werden sollte. Etwas verwundert und mit ungutem Gefühl ließ ich die Untersuchungen über mich hergehen. Im Wesentlichen führten die Ärzte mit mir Gespräche und die üblichen Untersuchungen durch. Bis zu den Halbjahresferien änderte sich auch nichts daran. Da ich kein Interesse hegte, meine Schulferien zu Hause zu verbringen, verbrachte ich die ganze Zeit über im

Krankenhaus. Das Krankenhausgelände lag in einer abgelegenen ruhigen Waldgegend und es gab viele Möglichkeiten, mich zu beschäftigen. Hier fühlte ich mich wohl und konnte alles, was mich störte, hinter mir lassen. Doch irgendwann gingen die Ferien zu Ende und der Alltag kehrte ein.

Der Schulbeginn des zweiten Halbjahres ging nahtlos dort weiter, wo das erste Halbjahr beendet wurde. Am Unterrichtsstil änderte sich nichts und neue Lehrer kamen auch nicht hinzu. Mit leichten Startschwierigkeiten nach den Schulferien bekam ich den Alltag schnell wieder in den Griff. Als warteten die Lehrer und Ärzte darauf, bis ich mich wieder geordnet hatte, wurden neue Vorhaben mit mir geplant.

Im zweiten Schulhalbjahr hieß es dann, in regelmäßigen Abständen an den Wochenenden nach Hause zu fahren, und wenn ich mich recht erinnere, war es anfangs jedes zweite Wochenende. Es lag wohl in der Absicht der Ärzte, mich langsam aber sicher in das sogenannte Familienleben wieder einzugliedern. Ihrer Meinung nach, war ich stark genug, den Anforderungen der Eingliederung standzuhalten. Der erste Termin der Heimreise stand fest und mich beschlich ein unwohles Gefühl. Es war keine Angst, sondern ein Bedenken, nicht recht zu wissen, was mich zu Hause bei der *„Familie"* erwartete. Als es dann soweit war, das erste Wochenende nach Hause zu fahren, packte ich nur das Nötigste in meinem Koffer ein, um über das Wochenende zu kommen. Das erste Mal fuhr meine Mutter mit mir zusammen mit dem Zug nach

Hause und an den geplanten Wochenenden danach trat ich die Heimreise alleine an. Die Zugfahrt war nicht sehr lang und nach drei Stationen erreichte ich auch schon meine Heimatstadt Gardelegen.

Wer jetzt glaubte, ich würde vom Bahnhof abgeholt, der irrte sich. Ich kannte ja den Weg, warum sollte sich jemand die Mühe machen, mich zu empfangen. Also nahm ich meinen Koffer und schlug den Weg ein, den ich schon oft gegangen war. An den Bahngleisen entlang, vorbei an den Kornfeldern, in denen ich an heißen Sommertagen spielte, kam ich dann über einen kleinen Geheimweg durch eine Wohnsiedlung am Rande der Stadt zu Hause an. Die Wohnungsschlüssel besaß ich noch und so brauchte ich nicht an der Haustür zu klingeln und andere Familienmitglieder zu bemühen, mich reinzulassen. Ich wurde genau so empfangen, wie ich verabschiedet wurde. Niemanden interessierte es, ob ich da war und ich wurde förmlich ignoriert. Die anwesenden Familienmitglieder gingen dem nach, mit dem sie sich gerade beschäftigten. Mein erster Gedanke war, erst einmal in den Keller zu schauen, ob mein Vater anwesend sei. Gedankenlos ging ich die Kellertreppe hinunter, als mir auf halben Weg bewusst wurde, dass mein Vater schon längst ausgezogen war. Ich betrat jenen Raum, den mein Vater zuvor bewohnte, und musste feststellen, dass dieser wieder zu seiner ursprünglichen Nutzung als Trockenraum für die Wäsche umgebaut wurde.

Langsam aber sicher holte mich die Gegenwart ein. Befremdlich erschienen mir das Haus und sein Innenleben.

Ich fühlte mich eher als Gast denn als ein Teil dieser Familie. Die Freude der Familienmitglieder über meine Anwesenheit hielt sich in Grenzen und Gespräche oder auch nur belanglose Konversation wie zum Beispiel *„Hallo Siegfried, wie geht es dir?"*, blieben aus. Wie bei einem Aufenthalt in einer Jugendherberge, in der man die anwesenden Gäste nicht kannte und ihnen aus dem Weg ging, versuchte ich das Wochenende in stummer Gemeinschaft mit den anderen Bewohnern des Hauses zu verbringen. Noch einige Wochenenden wurden benötigt, bis ich wieder *„voll und ganz"*, in die Familie integriert war.

Sich noch weiter von den Halbgeschwistern und Geschwistern entfernend, versuchte ich so gut es ging, den Alltag zu meistern und meinen Aufgaben und Pflichten gerecht zu werden. Viele Monate zogen ins Land, bis es mir gelang, einen Weg zu finden, in meiner ungewöhnlichen Familie einen Platz zu finden. Durch ein zufälliges Gespräch mit meiner Mutter erfuhr ich, dass sie meinem Vater den Kontakt zu mir verbot. Schnell wurde mir klar, warum mich mein Vater, während meines Aufenthalts in der Klinik nicht besuchen kam. Auf eine Anfrage bei meiner Mutter, wo mein Vater nun wohnen würde, erhielt ich endlich die neue Adresse. Die Absicht meiner Mutter, Sanktionen gegen mich zu verhängen, sollte ich Kontakt mit meinem Vater aufnehmen, schlug fehl. Es interessierte mich nicht im Geringsten, was meine Mutter wünschte, und ich suchte die neue Wohnung meines Vaters auf. Nach anfänglichen Startschwierigkeiten gelang es mir endlich, meinen Vater in seiner neuen Wohnung anzutreffen.

Entgegen meiner Vorstellung entwickelte sich das erste Treffen anders als geplant. Mein Vater war verwundert, dass ich ihn besuchen kam, doch nach einem klärenden Gespräch waren wir uns über die Gründe der Situation im Klaren. Der Wunsch meines Vaters, mich in der Klinik zu besuchen, wurde von meiner Mutter abgelehnt mit der Begründung, dass ich aus gesundheitlichen Gründen niemanden sehen wolle. Durch meine Verärgerung darüber, dass meine Mutter versuchte, die Kontaktaufnahme zu meinem Vater zu verhindern, wurde die Beziehung zu meinem Vater noch verstärkt. Nach verzweifelten Bemühungen meiner Mutter, den Kontakt zu meinem Vater dennoch zu unterbinden, gab sie letztendlich auf. Die neue, wohltuende Situation erinnerte mich an fast vergessene Gefühle, einfach nur ein Kind sein zu wollen, mit dem Wunsch, auch dem anderen Elternteil nahe sein zu dürfen. Mit Unverständnis und Widerwillen musste meine Mutter feststellen, dass es einfacher gewesen wäre, mir diesen Wunsch zu gewähren.
Hin und wieder gab es kleinere Rückfälle meiner Mutter, die den Drang verspürte, meinen Vater schlecht zu reden und den Versuch startete, mir verdeutlichen zu wollen, dass er kein guter Umgang für mich sei. Irgendwann jedoch glätteten sich die Wogen und eine gewisse „Normalität" hielt Einzug.

Im Gegensatz zu meiner Familie empfingen mich meine alten Klassenkameraden freundlich und es interessierte sie, wie es mir gesundheitlich ging. Über die Umstände meiner „Auszeit" erzählten die Lehrer meinen Klassenkameraden, ich wäre für längere Zeit erkrankt und hätte daher am Unterricht nicht teilnehmen können. Die freundliche Aufnahme durch meine Klassenkameraden ermöglichte es mir, mich schnell an das alte Leben anzupassen.

Meine Jugend

Inzwischen erreichte ich das zehnte Lebensjahr und besuchte die fünfte Klasse. Einige meiner Halbgeschwister beendeten die Berufsausbildung und gingen ihre eigenen Wege. Bis auf Ingo, Stephan und Frithjof befanden sich nur noch Heidrun und Heiko im Hause meiner Mutter. Da Heidrun und Heiko ihre Lehre in einem anderen Ort absolvierten, waren beide selten und nur an den Wochenenden zu Hause.

Durch regelmäßige Treffen mit meinem Vater vergaß ich fast meine zuvor erlebten und schwierigen Zeiten, und das Zusammenleben mit den anderen Familienmitgliedern normalisierte sich. Trotzdem gab es gelegentlich Meinungsverschiedenheiten und wir versuchten uns so selten wie möglich zu begegnen, um friedlich miteinander zu leben. Der Tagesablauf war immer derselbe und jeder kam seinen häuslichen Pflichten nach.

Ich glaube, es war 1976, als meine Mutter einen neuen Mann kennenlernte, der mit seinem Dasein eine neue Zeitepoche einläutete.
Erwin, so hieß der neue Mann an meiner Mutter ihrer Seite, war ein notorischer Alkoholiker. Meine Mutter, frisch verliebt, glaubte fest daran, Erwin von seinem Alkoholproblem befreien zu können und sorgte für die eine oder andere Entziehungskur. Nach den ersten Fehlschlägen schien es, als gäbe es länger anhaltende Erfolge. Nachdem Erwin bei uns einzog, kamen schwere Zeiten

auf uns Kinder zu, denn wenn er getrunken hatte, wurde er unberechenbar. Soweit ich mich erinnere, arbeitete Erwin als Maler. Meine Mutter besorgte ihm den Job, als er aus der Gegend von Cottbus zu uns zog. Immer wieder gab es Schwierigkeiten mit seinem Betrieb, weil er fehlte oder nicht zur Arbeit kam. Nicht selten kam er schwer betrunken nach Hause und dann hieß es, sich nicht sehen zu lassen, um Erwin nicht in die Quere zu kommen. Es kam vor, das er so viel trank, dass wir froh waren, dass nichts Schlimmeres passierte. Eines Tages jedoch verlor er die Kontrolle über sich und ist rückwärts die Treppe herunter, durch ein Fenster im Vorraum der Eingangstür des Hauses gestürzt. Blutüberströmt und stöhnend lag er da. Meine Mutter hatte Spätschicht oder Nachtschicht, jedenfalls war sie nicht zu Hause und wir mussten einen Krankenwagen kommen lassen. Wegen der Verletzungen und des starken Alkoholgenusses wurde Erwin zur Beobachtung in das Krankenhaus mitgenommen. Am nächsten Tag kam er wieder nach Hause und zwischen meiner Mutter und Erwin gab es einen riesigen Krach. Wegen des ewigen Stresses mit Erwins Trunkenheit teilte ich meiner Mutter eines Tages mit, dass, wenn es wieder einmal so einen Unfall geben sollte, ich Erwin liegen und verbluten lassen würde.

Nachdem ich für meine Mitteilung eine mächtige Ohrfeige erhielt, war für mich alles klar. Das Theater mit Erwins Trunkenheit ging noch eine ganze Weile, bis es meine Mutter schaffte, wie durch ein Wunder Erwin trocken zu bekommen. Bis zu diesem Erfolg stritten sie sich noch unzählige Male und trennten sich für kurze Zeit.

Erwin musste dann in den Keller ziehen und dort sein Dasein fristen. Die Trennungsversuche hielten jedoch nicht lange an. Meine Mutter ist schwach geworden und trotz vorheriger Beteuerung nie wieder etwas mit ihm zu tun haben zu wollen, versöhnte sie sich mit Erwin. Dieses Spielchen wiederholte sich so oft, dass wir die Prozedere der immer wiederkehrenden Trennungsmaßnahmen meiner Mutter nicht mehr ernst nahmen.

Das Alkoholproblem von Erwin war nicht das Einzige, das er mitbrachte. Seine politische Einstellung zu damaligen sozialistischen Gesellschaft der DDR, war von verpönter, kapitalistischer Prägung und färbte auf meine Mutter ab. Für mich änderte sich diesbezüglich in schulischer und persönlicher Hinsicht einiges. Später kam heraus, dass Erwin wegen seiner politischen Einstellung schon einmal im Gefängnis war und als politisch Verfolgter galt. Die neue Denkweise, die Erwin erfolgreich vermittelte, brachte einige Veränderungen im Familienleben mit sich. Im Gegensatz zu meinen Geschwistern zuvor durfte ich an schulischen Aktivitäten nichtmehr teilnehmen.
Mein Pionierausweis und alles, was ich als Schüler der damaligen DDR erhielt, wurden vernichtet. Das neue Denken meiner Mutter ließ meine Schule aufhorchen und es gab Gespräche mit der Schulleitung.
Von Drohungen ließ sie sich nicht einschüchtern und ging damals so weit, dass sie mehrfach einen Ausreiseantrag in die damalige BRD stellte. Ihre Ausreiseanträge wurden nie genehmigt. Die politische Wende in unserer Familie kam mir zu einem späteren Zeitpunkt ganz recht,

da ich nicht wirklich gesteigerten Wert auf außerschulische Aktivitäten legte und lieber auf den Baustellen half.

Auf dem Schuldenhügel, auf dem wir unser Haus gebaut hatten, entschlossen sich weitere Eigenheimbauer, ein friedliches Plätzchen für ihr neues Häuschen zu sichern. Hier und da gab es reges Treiben auf den neuen Baustellen und die Nachbarn tauschten ihre Erfahrungen untereinander aus. Unter der Woche blieb es ruhig, denn die meisten waren berufstätig und fanden nur an den Wochenenden Zeit, das Bauvorhaben voranzutreiben. Das Erwerben von Baustoffen in der damaligen DDR war sehr abenteuerlich, entweder gab es kein Material oder die bestellten Baustoffe konnten wochenlang nicht geliefert werden. Nur wer Beziehungen oder Westgeld besaß, war etwas besser dran. Anders als heute entwickelten die DDR- Bürger eine gewisse Nachbarschaftshilfe - wer konnte, stellte den fehlenden Zement zur Verfügung und erhielt dafür von den anderen die fehlenden Mauersteine. So kam jeder Eigenheimbauer mit dem Hausbau ein kleines Stückchen voran. An den Wochenenden beobachtete ich das Treiben auf den Baustellen und setzte mich dazu, auf die Bordsteinkante der Straße. Wenn in der Woche auf den Baustellen niemand arbeitete, spielte ich in den Rohbauten der Häuser. Davon abgesehen, dass das eigentlich verboten war, war es auch sehr gefährlich. Die Abenteuerlust ließ mich die Gefahren ignorieren. Ein neuer Nachbar, direkt gegenüber von unserem Grundstück, begann damit, sein neues Eigenheim zu errichten. Als es dann soweit war, dass ich in dem halbfertigen Haus spielen konnte, erwischte er mich eines Nachmit-

tags. In der Woche lässt sich normalerweise niemand sehen, doch an diesem Tag war es anders. Der neue Nachbar beabsichtigte, nachzusehen, ob er ausreichend Rüstböcke für die Maurer besäße, die am Wochenende dort arbeiten sollten. Peinlich berührt, versuchte ich mich zu entschuldigen und schwor, dass es nicht wieder vorkommen würde, auf seinem Grundstück zu spielen. Der Eigenheimbauer sah meine Entschuldigungsversuche gelassen und fragte mich, ob ich nicht Lust hätte, ihm beim Zusammentragen der schweren Rüstböcke behilflich zu sein. Verwundert über diese Reaktion, willigte ich ein und half ihm bei seinem Vorhaben. Wir liefen die Baustelle ab und trugen alle Rüstböcke, die wir finden konnten, auf einer Stelle zusammen.
Nach dem wir fertig waren, bot er mir eine Limonade an und gab mir zwei Mark als Belohnung.

Dieser Tag trug maßgeblich dazu bei, wie sich mein Leben bis zum heutigen Tag entwickelt hat.

Erfreut darüber, mit den erhaltenen zwei Mark mein Taschengeld aufstocken zu können, bedankte ich mich für die Belohnung. Anschließend machte er mir das Angebot, wenn ich mal Lust zum Helfen hätte und ein paar Mark verdienen wolle, könne ich jeder Zeit zu ihm auf die Baustelle kommen. Ich trank meine Limonade aus, bedankte mich nochmals für die zwei Mark sowie für das Angebot und ging nach Hause.
Am folgenden Samstag sollten die Maurer, für die wir die Rüstböcke zusammentrugen, zum Errichten des Rohbaus erscheinen.

Einen Tag zuvor kam ein LKW mit Anhänger und kippte lose Steine auf das Grundstück des neuen Nachbarn ab. Da mir die Vorgehensweise der Baustofflieferung aus dem eigenen Hausbau noch bekannt war, wusste ich, dass beim Abkippen der Mauersteine zahlreiche Steine beschädigt werden. Am Freitagnachmittag erschien dann der neue Eigenheimbauer und ich beobachtete aus unserem Küchenfenster wie er versuchte, die gelieferten, abgekippten Steine mit der Schubkarre an den Platz zu fahren und aufzustapeln, wo diese, von den Maurern benötigt werden.
Nachdem ich mit meinen häuslichen Pflichten und den Hausaufgaben fertig war, dachte ich darüber nach, das Angebot des neuen Nachbarn, ihm helfen zu dürfen, anzunehmen. Ich zog mir alte Kleidung an und ging zu ihm rüber. Der Mann, etwa 170 cm groß mit hellblondem lockigem Haar, war eine nette, ruhige und kräftige Erscheinung. Die Frage, ob ich ihm helfen könne, erübrigte sich, denn an meiner Kleidung erkannte er meine Absicht.

„Du darfst Engelbert zu mir sagen", bot er mir an, „ und wenn du möchtest, kannst du diese Steine dort drüben aufstapeln".

Dabei zeigte mir Engelbert die Stelle, an der ich die Steine aufstapeln sollte. Er selbst nahm sich eine Schubkarre und beförderte die Mauersteine an die vorgesehenen Plätze auf der Bodenplatte, wo die Maurer sie am nächsten Tag benötigen würden. Mit schweißüberströmtem Gesicht brachte Engelbert die Steine, Karre für Karre, an ihren Bestimmungsort. Nach einer Weile, kam er mit zwei Flaschen Limonade zurück und wir legten eine Pause ein. Jeweils fünf Mauersteine auf der rechten sowie auf der linken Seite übereinanderstapelnd, legte er noch ein Holzbrett darüber.

„Komm, setz dich erst mal und trink einen Schluck Limo", bot er mir freundlich an.

Wir setzten uns auf die provisorisch errichtete Bank und tranken unsere Limo. Ohne ein Wort zu sagen, setzte ich mich neben ihn. Der Mann neben mir beugte sich im Sitzen leicht nach vorne, stützte sich mit den Armen auf die Oberschenkel seiner Beine ab und hielt mit beiden Händen seine Flasche fest. Aus dem Augenwinkel sah ich, wie ihm der Schweiß von der Stirn tropfte und wie er dabei nach unten schaute.

Nach einer kurzen Verschnaufpause hob er seinen Kopf wieder und blickte auf meinen Steinstapel.

„Nicht schlecht, was du da gemacht hast, hast wohl schon Übung im Steine stapeln", sagte er. *„Vorhin vergaß ich dich zu fragen, wie du heißt, verrätst du mir deinen Namen?"*

„Siegfried heiße ich", antwortete ich kurz und knapp. Nachdem Engelbert meinen Namen erfuhr, stellte er auch schon seine nächste Frage.

„Und wie alt bist du". „Zehn", war meine Antwort, die wieder kurz gehalten war.

„Zehn Jahre erst", erwiderte Engelbert, *„bei deinem kräftigen Körperbau hätte ich gedacht, du wärst mindestens schon zwölf oder so"*.

Engelbert nahm noch einen Schluck Limo aus seiner Flasche und schaute mit leerem Blick auf den Steinhaufen.

„Lass uns schnell noch die restlichen Steine wegstapeln" sagte mein neuer Nachbar, *„dann ist Schluss für heute"* und nahm seine Schubkarre wieder in die Hand.

Ich zog mir meine Arbeitshandschuhe an und machte dort weiter, wo ich zuvor aufgehörte hatte. Da vom Steinhaufen nicht mehr viel übrig war, wurden wir mit dem Aufstapeln der restlichen Steine schnell fertig. Es war schon später Nachmittag und wir stellten die Schubkarre in den Werkzeugschuppen, bevor er diesen verschloss. Während Engelbert die Absperrung der Baustelle wiederherstellte, war ich schon im Begriff zu gehen und wollte die Straße überqueren.

„Halt, wo willst du denn so schnell hin, du hast doch noch gar nicht deine Belohnung bekommen" und Engelbert kam mir ein Stück entgegen.

Mit den Händen in seiner Arbeitshose suchend, holte er ein Paar Geldscheine aus der Tasche und gab mir zehn Mark.

„So viel Geld!", sprach ich, als mir Engelbert die zehn Mark in die Hand drückte.

„Das waren auch ziemlich viele Steine, die du gestapelt hast", und er lächelte dabei.
„Dankeschön", antworte ich wieder knapp und hätte vor Freude hüpfen können.
Zum Abschied gab mir Engelbert noch die Hand und ich ging über die Straße nach Hause. Zu Hause angekommen, zog ich im Keller meine alten Sachen aus und reinigte meine vom Steinstaub beschmutzten Hände. Dabei vergaß ich, die zehn Mark aus meiner alten Hose zu nehmen. Schnell lief ich dann aber wieder in den Keller, um das Geld aus der Tasche zu nehmen. Als ich den Geldschein so in der Hand hielt, konnte ich es noch gar nicht glauben, dass ich so viel Geld bekam und schaute mir die zehn Mark noch mal ganz in Ruhe an. In dieser Woche verdiente ich zwölf Mark zu meinem Taschengeld dazu. Nicht schlecht, dachte ich und überlegte mir, was ich mir mit meinem Geld kaufen könnte.

Der Abend rückte näher und es wurde schon langsam dunkel, als mir einfiel, dass ich noch unsere Tiere füttern musste. Schnell zog ich mir die Straßenschuhe an und ging in den Garten hinterm Haus, wo sich die Tiere befanden. Meine Mutter musste sich eingestehen, dass unser Grundstück nicht ausreichend Platz bot, alle Tiere halten zu können und gab einige von ihnen weg. Somit besaßen wir nur noch Hühner, Enten, Tauben und Wellensittiche. Nach dem Füttern der Tiere war es auch schon Zeit sich für den nächsten Schultag vorzubereiten. Ich packte meine Schultasche, machte mir zum Abendessen Klappbrote und gesellte mich zu meinen anderen Geschwistern, die bereits im Fernsehraum saßen.

Das Fernsehprogramm der DDR war bescheiden und es war eher selten, dass es Interessantes zu sehen gab.
In meinem grünen Lieblingssessel mit hoher Lehne sitzend, aß ich meine für das Abendessen vorbereiteten Klappbrote und dachte über den vergangenen Tag nach. Das Steinestapeln hatte mich müde gemacht und so ging ich etwas früher als sonst zu Bett. Am nächsten Morgen machte ich eine neue Erfahrung, denn ein mächtiger Muskelkater plagte mich und meine ansonsten leichtfüßigen Bewegungen beschränkten sich auf ein langsames Dahinschreiten. Nach dem Frühstück nahm ich meinen Schulranzen und ging zur Schule. Jeden Morgen traf ich mich mit einem Freund aus der Klasse, an einer Straßenecke auf dem Platz der Freiheit, in der Nähe des Schuldenhügels. Seitdem ich mich mit diesem Klassenkameraden anfreundete, der ebenfalls ein Einzelgänger war und wegen seiner schmuddeligen Kleidung von den anderen gemieden wurde, ging ich einen anderen Schulweg als sonst. Durch die neue Freundschaft und den neuen Schulweg, wurde ich auf ein Mädchen mit dem Namen Franka aufmerksam. Franka gefiel mir sehr, sie war ein hübsches, schlankes Mädchen mit langem blondem Haar und ging in dieselbe Schule wie ich, nur eine Klasse höher. Jeden Morgen versuchte ich rechtzeitig am Treffpunkt auf den Platz der Freiheit zu sein, um Franka sehen zu können. In den großen Pausen zwischen den Unterrichtsstunden stellte ich mich auf den Pausenhof in ihrer Nähe, um sie besser sehen zu können und verhielt mich so unauffällig wie möglich. Ich war nicht der einzige Junge in der Schule, der Franka toll fand. Die richtige Gelegenheit bot sich nie an, um auf mich aufmerksam zu

machen und sie anzusprechen. Irgendwann war es dann zu spät, ein anderer Junge war mutiger als ich und freundete sich mit Franka an. Ich war ohnehin ohne Chancen bei ihr und versuchte von nun an, zufällige Begegnungen mit ihr zu vermeiden.

Das nächste Wochenende näherte sich. Der Schultag am Samstag verlief wie jeder andere Schultag und alle freuten sich auf das kommende Wochenende. Nicht wie sonst üblich ging ich an diesem Tag den alten Schulweg nach Hause, sondern nahm den Weg über die Baustraße des Schuldenhügels. Und samstags dauerte er stets etwas länger. Mein Heimweg, führte an verschiedenen Baustellen vorbei, auf denen schon seit den frühen Morgenstunden des Samstages fleißig gearbeitet wurde. Zu Hause angekommen, bemerkte ich, dass die Maurer gegenüber von unserem Haus schon recht weit vorangekommen waren. Die Hausecken waren fast hochgemauert und die Zwischenwände schon vermessen und angelegt worden.

„Heute kannst du leider nicht zum Helfen kommen", rief mir Engelbert zu, als er mich vorbeigehen sah. *„Aber vielleicht das nächste Mal wieder"*, rief er gleich hinterher.

Etwas traurig war ich zwar, aber wegen meines Muskelkaters war ich andererseits auch ganz froh darüber, mich heute nicht viel bewegen zu müssen. Nach dem Mittagessen machte ich meine Hausaufgaben und zog mir anschließend bequemere Kleidung an. Die meisten Wochenenden waren langweilig, denn auf dem Schuldenhügel am Rande der Stadt war kaum etwas los.

Nicht weit von unserem Haus entfernt befand sich ein Militärstützpunkt der Sowjetunion. Das Gelände der angrenzenden Wälder und Felder wurde von den Panzern des Militärstützpunktes zu Übungszwecken genutzt. Wenn es auf dem Übungsplatz ruhig blieb, spielte ich im „Schwarzen Wäldchen", nicht weit entfernt vom Schuldenhügel.
Schwarzes Wäldchen nannten wir jenen Wald, der sich kreisförmig in der Mitte des Militärübungsplatzes befand und so dicht und dunkel war, dass wir ihm diesen Namen gaben. Weil sich in der Erde des Übungsplatzes noch scharfe, unentdeckte Munition befinden konnte, war das Spielen in dieser Gegend sehr gefährlich. Allen Gefahren zum Trotze, benutzten wir die Panzerstraße als Crossstrecke für unsere Fahrräder. Eines Tages fanden meine Kumpels und ich beim Cowboy und Indianer spielen eine merkwürdige, weiche Stelle im Waldboden. Neugierig wie wir Kinder waren, fingen wir an, mit Stöcken und mit dem was sich zum Graben anbot, die merkwürdige Stelle freizulegen. Nach mühseligem Kratzen mit unseren provisorischen Werkzeugen fanden wir Betonreste, die aussahen wie eine Mauer. Um noch weiter graben zu können, beschlossen wir, uns einen Spaten zu besorgen. Da es jetzt besseres Werkzeug gab, dauerte es nicht lange, bis wir auf eine Art Eingang stießen. Dieser Eingang besaß eine ungewöhnliche Bauhöhe und war nicht annähernd so hoch wie ein üblicher Durchgang. Nach der vollständigen Freilegung des Einganges, gelang es uns, nur in gebückter Haltung, den freigelegten Gang zu durchqueren. Die Neugierde, was sich noch weiter dahinter verbergen mag, ließ uns weitergraben.

Mit dem Spaten alleine kamen wir nicht mehr weiter und wir besorgten uns zusätzlich einen Eimer, um die Erde aus dem Loch zu bekommen.

Weil wir am ersten Tag mit unseren Grabungen nicht fertig wurden, benötigten wir einen weiteren Tag, um einen kleinen, ca. zweimalzwei Meter großen und etwa 1,50 Meter hohen Raum freizulegen. Der kleine Raum lag zu tief in der Erde und das Tageslicht reichte nicht aus, diesen auszuleuchten. Mit einer Taschenlampe inspizierten wir unseren Fundort. An den Wänden zur rechten und zur linken Seite des Raumes waren Inschriften zu erkennen, die an Grabsteine erinnerten. Niemand von uns wusste, was wir mit unserem Fund anstellen sollten, und wir ließen es dabei, niemanden davon zu erzählen. Ein Kumpel von mir konnte das Geheimnis nicht für sich behalten und erzählte jemandem, von der merkwürdigen Ausgrabung. Am Tag darauf wurde die Gegend abgesperrt und untersucht. Über das Vorgehen in der abgesperrten Zone erfuhren wir nur so viel, dass an dieser Stelle eine alte Radarstation aus dem zweiten Weltkrieg stand. Als wir später die Fundstelle wieder aufsuchten, war von dem, was wir ausgegraben hatten, nichts mehr vorhanden und das Loch war wieder verschlossen worden. Wenn ich nicht gerade mit der Auskundschaftung der Gegend beschäftigt war, half ich lieber unseren Nachbarn auf ihren Baustellen.

Der Schuldenhügel erfreute sich bester Zuwanderung und mein Fleiß musste sich herumgesprochen haben, denn ich konnte mir aussuchen, auf welcher Baustelle ich helfen wollte. Abgesehen von der Tatsache, dass mir das Arbeiten Spaß machte, freute ich mich über das verdiente

Geld, das mein Taschengeld aufstockte. Wenn ausreichend Taschengeld zusammenkam, steckte ich das Geld in meine Hosentasche und fuhr mit dem Fahrrad in die Stadt, um einzukaufen. Wie viel Geld ich immer bei mir trug, weiß ich nicht mehr, doch woran ich mich noch genau erinnere, ist, dass ich mir von meinem ersten ersparten Geld neue Strümpfe kaufte. Bisher trug ich die gestopften Strümpfe meiner älteren Halbgeschwister, doch jetzt besaß ich Strümpfe, die nur mir gehörten. Glücklich über meinen Einkauf, beschloss ich, mir zukünftig von meinem dazuverdienten Geld neue Kleidung zu kaufen. Die meiste Zeit half ich Engelbert auf der gegenüberliegenden Straßenseite aus, doch nach etwa einem Jahr war die Fertigstellung seines Hauses beendet. Immer fand ich schnell eine neue Baustelle, wo ich mir etwas dazu verdienen konnte.

Zwei weitere Jahre vergingen und ich beendete mit meinem zwölften Lebensjahr die sechste Klasse. Mein bisher unauffälliges Verhalten ließ über meine schulischen Leistungen keinen Grund zur Sorge aufkommen und meinen häuslichen Pflichten kam ich stets nach. Mit Beginn der siebten Klasse und dem Erreichen des dreizehnten Lebensjahres änderte sich das. Die Hausaufgaben wurden, wenn überhaupt, nur flüchtig gemacht und meine Aufmerksamkeit und Mitarbeit im Unterricht ließen ebenfalls nach. Ich hielt es für wichtiger, mir nach der Schule etwas Taschengeld dazu zu verdienen, als die Notwendigkeit zu erkennen, mich ums Lernen zu kümmern. Wer braucht schon den ganzen Quatsch wie Mathe, Biologie oder Physik, dachte ich mir, wenn ich doch nur Stein auf

Stein mauern möchte. Die neue Sturm- und Drangzeit, man nennt sie wohl Pubertät, die ich als zu früh heranreifender junger Mann erlebte, verursachte in meinem Kopf ein kleines Chaos. Fast schon rebellisch, war ich in meiner, von heute auf morgen aufgetauchten neuen Welt der Einstellung, dass alles, was die anderen sagten, Blödsinn war, und gutgemeinte Ratschläge lehnte ich ab.

Die siebte Klasse geradeso geschafft, hielt ich es für wichtiger, Geld zu verdienen und vertrat die Ansicht, acht Klassen müssten genügen, um eine Ausbildung zum Maurer zu erhalten. Fest entschlossen, jenen Beruf zu erlernen, der zu meiner Berufung wurde, versuchte ich, die achte Klasse noch irgendwie zu schaffen. Nur widerwillig ging ich morgens zur Schule und freute mich über jeden geschafften Tag.

Es dauerte nicht lange, bis sich ein neuer Eigenheimbauer dazu entschloss, am Ende unserer Straße direkt an der Kreuzung sein Haus zu errichten. Die Gelegenheit beim Schopfe packend, bot ich auf etwas aufdringliche Weise meine Arbeitskraft an, falls diese benötigt werde. Ich musste nicht lange darauf warten, bis mich der neue Eigenheimbauer ansprach und fragte, ob ich ihm bei kleineren Dingen wie Kies sieben, Steine stapeln, Rüstungen vorbereiten und ähnliches behilflich sein könnte. Über das Angebot sehr erfreut, bekam ich schon am kommenden Samstag die erste Möglichkeit zu arbeiten. Jeden Samstagmittag brachte die Frau des Eigenheimbauers die Getränke und das Mittagessen auf die Baustelle. Die grauen Haare der schlanken Frau ließen sie älter aussehen, als sie tatsächlich war.

Mit einem Lächeln begrüßte sie mich und bat mich darum, mit ihnen zu essen. Nach dem Essen verließ sie wieder die Baustelle mit dem zusammengepackten Geschirr. Der erste Tag auf der neuen Baustelle neigte sich dem Ende zu und ich erhielt das Geld für meine geleistete Arbeit. Es verging etwa ein Monat, als ich wie jeden Tag zur Schule ging. An diesem Tag sollten wir eine neue Chemielehrerin bekommen und ich glaubte nicht richtig zu sehen, als ich jene Frau vor mir sah, welche die Frau des neuen Eigenheimbauers war. Mit Beginn des Unterrichts stellte sich die neue Lehrerin vor und als sich unsere Blicke kreuzten, warf sie mir ein Lächeln zu. Um mit dem Unterricht fortzufahren, bat sie die Schüler, sich zu setzen. Als unterrichtete die neue Lehrerin uns schon vom ersten Tag an, so führte sie ihre erste Unterrichtstunde durch. Chemie war für mich ein Fach mit hundert Siegeln und mit doppelt so vielen Schlössern. Doch die Art und Weise, wie die neue Lehrerin unterrichtete, ließ auch mich das eine und andere verstehen. Mit bildhaften Methoden und Experimenten, sowie dem Motto, *„Chemie ist das, was raucht und stinkt und Physik, was nie gelingt"*, brachte sie uns die Geheimnisse des Periodensystems bei. Nach dem Unterricht bat mich die neue Lehrerin, noch kurz zu bleiben.

„Ich wusste ja gar nicht, dass du hier zur Schule gehst und in meiner Klasse bist", kam sie gleich zur Sache.

Wortlos wartete ich auf die Fortführung des Gespräches und sah ihr beim Zusammenräumen der Unterrichtsmaterialien zu.

Nach einem kurzen Augenblick und im Klassenbuch blätternd, stellte sie ihre nächste Frage.

„Dein Name ist Siegfried, ist das richtig"?
„Ja", antwortete ich verwundert.

„Wie soll das weitergehen?", fragte mich die Lehrerin. Auf eine Antwort wartend, sah sie weiterhin in das Klassenbuch.

„Ich verstehe ihre Frage nicht", erwiderte ich.

„Das Schuljahr der achten Klasse neigt sich bald dem Ende zu und wenn ich mir deine Zensuren ansehe, habe ich Bedenken, dass du versetzt wirst", sprach die Lehrerin.

„Die achte Klasse werd ich schon noch schaffen und dann gehe ich sowieso von der Schule ab".

Die Lehrerin hob ihren Kopf und schaute mich an.

„Was meinst du damit, du gehst von der Schule ab"?

„Ich will Maurer werden und Geld verdienen", antwortete ich. Die Lehrerin hielt kurz inne und bat mich, zum nächsten Unterricht zu gehen.
Ich nahm meine Schultasche und verließ den Klassenraum.
Am folgenden Samstag, half ich wieder auf der Baustelle unserer neuen Lehrerin aus. Wie jeden Samstag brachte sie das Mittagessen und die Getränke vorbei.

Als sie meine Anwesenheit bemerkte, ließ eine beiläufige Frage nicht lange auf sich warten.

„Alle Hausaufgaben schon gemacht, Siegfried"?

„Die mache ich morgen", gab ich kurz zurück und wurde das Gefühl nicht los, dass ich unentwegt beobachtet wurde. Es war das erste Mal, dass meine neue Lehrerin nicht wie üblich wieder nach dem Essen ging, sondern bis zum Ende des Tages auf der Baustelle blieb. Eine leichte Vorahnung verriet mir, dass noch irgendetwas geschehen sollte. Der Samstag näherte sich dem Ende und heute erhielt ich das Geld für meine Arbeit von der Frau des Bauherrn.

„Ich habe dir heute bei der Arbeit zugesehen und festgestellt, dass du sehr geschickt bist, bei dem, was du machst".

Die Lehrerin sah mich an und während sie mir das Geld in die Hand legte, fuhr sie fort.

„Unser letztes Gespräch stimmte mich etwas nachdenklich und ich wollte dich fragen, ob du mit mir darüber reden möchtest".
„Worüber reden", fragte ich irritiert.

„Über dein Beenden der Schule nach der achten Klasse, zum Beispiel".

„Darüber gibt es nicht viel zu sagen, ich möchte Maurer werden und Geld verdienen, das macht mehr Spaß, als zur Schule zu gehen", erwiderte ich.

Auf meine Reaktion nicht mehr eingehend, verabschiedeten wir uns voneinander. Am Montag begann die Schule wieder und anders als versprochen, vergaß ich am Wochenende, meine Hausaufgaben zu machen.

Meine Chemielehrerin ließ sich ihre Enttäuschung nicht anmerken und ich wusste, dass es dabei nicht bleiben würde.

Der Chemieunterricht war die letzte Stunde und die Lehrerin bat mich wieder, noch etwas zu bleiben. Ohne Umwege kam meine Lehrerin auf das Thema fehlende Hausaufgaben zu sprechen.

„Was soll ich nur mit dir anfangen, Siegfried, meinst du nicht, die Hausaufgaben wären erst einmal wichtiger als kostbare Zeit auf den Baustellen zu verschwenden".

Meiner Schuld bewusst, stand ich nur da und hoffte, das Gespräch möge schnell zu Ende gehen. Meine Lehrerin ließ aber nicht locker und konfrontierte mich mit ihrer nächsten Frage.

„Willst du mir nicht erzählen, was los ist mit dir, Siegfried?"

„Ich erzählte ihnen doch schon, dass ich nach der achten Klasse von der Schule abgehen werde und eine Lehre als Maurer beginnen möchte", gab ich leicht gereizt zurück.

„Das hatte ich auch verstanden, Siegfried", erwiderte die Lehrerin, *„nur glaubst du wirklich, dass du mit deinen Zen-*

suren die achte Klasse schaffen wirst und dein gegenwärtiger Wissensstand ausreicht, ein guter Maurer zu werden"?

„Natürlich glaube ich das, ich weiß, welche Steine ich nehmen muss und wie der Mörtel angerührt wird".
„Ach du weißt schon alles" unterbrach mich meine Lehrerin, *„dann weißt du bestimmt auch, warum der Mörtel hart wird, wieviel Zeit der Mörtel benötigt, um auszuhärten, wie viele Steine für ein Quadratmeter Mauerwerk benötigt werden, aus welchen Material die Steine bestehen, welche Härte die Steine aufweisen müssen und wo man diese verwenden darf, um nur einiges zu nennen. Wir haben Zeit, Siegfried, da du schon alles weißt, wirst du auf meine Fragen sicher eine Antwort haben, oder"?*

Meine Lehrerin setzte sich, während ich vor dem Lehrertisch stand und vor Ratlosigkeit kein Wort herausbrachte.

„Nun Siegfried, was ist, hat es dir die Sprache verschlagen?"
Mit ihrem weißen Kittel und hinterm Lehrertisch sitzend, schaute mich meine Lehrerin wartend an. Da ich auf die Fragen der Lehrerin keine Antworten wusste, blieb ich ihr diese schuldig.

„Etwas nicht zu wissen, das ist nicht schlimm, Siegfried, sich aber vorzumachen, Wissen nicht zu benötigen, das ist schon schlimm. Wie ich dich einschätze, bist du kein dummer Junge, also mach dir das Leben nicht unnötig schwer und versuche zu verstehen, dass Lernen wichtig ist. Ich habe auch nicht die Absicht, dich zu überreden, nach der achten Klasse die Schulausbildung nicht abzubrechen, jedoch kann ich dir versichern,

dass du mit deinen Zensuren und mit einem Abschluss der achten Klasse keine guten Voraussetzungen für einen guten Maurer mitbringst. Solltest du dich später dazu entscheiden, dich weiterbilden zu wollen oder wichtige Funktionen als Bauleiter übernehmen zu wollen, wird dir dieser Weg versperrt bleiben, denn dafür benötigst du mindestens den Abschluss der zehnten Klasse. Überlege dir also gut, ob dir das bisher Erlernte wirklich ausreicht, denn es wird kein Zurück mehr geben und das Nachholen des versäumten Wissens zu späterer Zeit wird dir viel schwerer fallen. Denke mal in Ruhe darüber nach, was ich dir eben gesagt habe und bis ich nicht erkennen kann, dass du wenigsten deine Hausaufgaben ordentlich machst, möchte ich, dass du uns vorerst nicht mehr auf der Baustelle behilflich bist. Du darfst jetzt gehen, Siegfried."

Die Worte meiner Lehrerin trafen mich hart, verärgert nahm ich meine Schultasche und verließ den Klassenraum. Auf den Weg nach Hause ging mir das Gespräch nicht mehr aus dem Kopf. Auf der Suche, den Inhalt des Gespräches zu erfassen, fand ich keine Erklärung dafür, warum der Abschluss der achten Klasse für eine Ausbildung zum Maurer nicht ausreichen sollte. Vertieft in meine Gedanken, bemerkte ich nicht einmal, welchen Weg ich nach Hause ging, als ich plötzlich schon vor unserem Haus stand und im Begriff war, die Haustür zu öffnen. Wie jeden Tag lehnte ich meine Schultasche erst einmal gegen die Heizung im Flur und ging in die Küche, um mir etwas zu essen zu machen. Ich schmierte mir ein paar Brote, setzte mich an den Küchentisch und schaute aus dem Fenster, von dem ich die Straße entlang sehen konnte, auf welcher Baustelle gearbeitet wurde.

Normalerweise ging ich nach dem Essen erst auf die Baustelle, bevor ich meine Hausaufgaben machte oder auch nicht, doch heute war es anders. Teils verärgert, aber auch nachdenklich über das Gespräch mit meiner Chemielehrerin, ging mir das Gespräch nicht mehr aus dem Kopf.

Bisher interessierte es niemanden, was aus meinem Leben werden sollte und auf einmal tauchte eine neue Lehrerin auf und stiftete Verwirrung. Den Rest des Tages verbrachte ich damit, darüber nachzudenken, was ich machen sollte. Am Abend, nach dem ich mich etwas beruhigt hatte, nahm ich meine Schultasche, um nachzusehen, welche Hausaufgaben noch erledigt werden mussten. Bei Chemie stand, „Lernen des Periodensystems". Kürzlich noch behauptete ich, dieses Wissen nicht besitzen zu müssen, doch jetzt verspürte ich plötzlich ein Unbehagen. *„Woraus besteht ein Mauerstein usw.?"*, kamen mir die Fragen der Lehrerin in Erinnerung. Nachdenklich entschloss ich mich dazu, mit dem Auswendiglernen des Periodensystems zu beginnen. Es fiel mir schwer, doch eine innere Stimme sprach zu mir, dass es wichtig sei. Ich setzte mich auf mein Bett, lehnte mich zurück, und mit dem Kissen hinterm Kopf, starrte ich auf das Periodensystem, um mir die Namen und Abkürzungen einzuprägen. Es wurde schon dunkel und weil mein Magen knurrte, schloss ich das Chemiebuch und ging in die Küche, um mir etwas zu essen zu machen. In der Küche war bereits Licht, denn meine Mutter bereitete das Abendessen für meine jüngeren Geschwister vor.

„Wo kommst du denn her?", fragte mich meine Mutter.

„Ich war oben in meinem Zimmer und habe Hausaufgaben gemacht".

„Oh, mal was ganz Neues, wie kommst du denn zu diesem Sinneswandel", erwiderte meine Mutter etwas sarkastisch. *„Die neue Chemielehrerin führte heute mit mir ein Gespräch wegen meiner Zensuren und weil ich nach der achten Klasse von der Schule abgehen möchte".*

„Aha, aber du hattest doch schon öfter Gespräche deswegen, das hat dich doch auch nicht davon abgehalten die Hausaufgaben zu vernachlässigen, was war heute anders?", spottete meine Mutter.

„Die Lehrerin erzählte mir, ich besäße mit meinen jetzigen Zensuren und dem Wunsch, die Schule nach der achten Klasse zu beenden, schlechte Voraussetzungen, um ein guter Maurer werden zu können".

„Da hat deine Lehrerin allerdings recht, aber das hatten wir dir auch schon versucht zu erklären, nur kam das nie bei dir an".

Mir war klar, dass meine Mutter recht hatte und ich verließ wortlos und gereizt mit meinen Broten die Küche. Nach dem Abendessen bereitete ich mich auf die Nachtruhe vor und ging zu Bett. Während ich im Dunkeln so da lag, ließ ich mir noch einmal das Periodensystem durch den Kopf gehen und schlief dabei ein.
Ich weiß nicht, was über Nacht passiert war, aber am nächsten Morgen entschloss ich mich dazu, meine Schulausbildung mit der zehnten Klasse zu beenden, denn ich

wollte unbedingt ein guter Maurer werden. Von jetzt an nahm ich mir vor, wieder mehr zu lernen und meine Hausaufgaben zu machen. Nach wenigen Wochen erkannte meine Chemielehrerin die Ernsthaftigkeit meines Vorhabens und ich durfte wieder auf ihre Baustelle zum Helfen kommen. Intensiv nutzte ich die nächsten zwei Schuljahre dafür, meine Noten zu verbessern und die zehnte Klasse mit dem bestmöglichen Ergebnis zu beenden. Meine Chemielehrerin trug maßgeblich dazu bei, dass ich später die Möglichkeit erhielt, ein guter Baufacharbeiter zu werden.

Lehrjahre

Die ersten Projekte während meiner Lehrzeit.

Die großen Sommerferien nach den Prüfungen der zehnten Klasse zogen sich in die Länge, und ich nutzte die Zeit dazu, eine Lehrstelle in einem Baubetrieb zu finden. Anders als früher konnte ich es kaum erwarten, dass die Ferien zu Ende gehen. Im Allgemeinen war es in der DDR kein Problem einen Ausbildungsplatz zu finden, es war nicht immer der Wunschberuf, aber wer arbeiten wollte, bekam auch Arbeit. Ich hatte Glück, denn ein Bekannter vom Schuldenhügel, bei dem ich auf seiner

Baustelle gelegentlich aushalf, arbeitete im ZBO Landbau Gardelegen. Mit der Hilfe des Bekannten und seinen Empfehlungen war der Baubetrieb bereit, mir eine Lehrstelle zum Baufacharbeiter anzubieten. Der Abschluss der zehnten Klasse ermöglichte mir, etwas Besseres zu erlernen als „nur" Maurer zu werden. Zu dieser Zeit war mir umso mehr bewusst, wie wichtig eine solide Schulausbildung war.

An einem Tag im August 1981, ich kann mich noch genau erinnern, war es dann soweit. Es regnete in Strömen und ich musste mir noch ein Passbild besorgen, welches ich vergessen hatte, mir anfertigen zu lassen. Mit meinem Fahrrad fuhr ich so schnell ich konnte in die Stadt zum Fotografen, in der Hoffnung, dass dieser noch geöffnet hatte. Beim Fotografen angekommen, ließ ich von mir mit klatschnassen Haaren Passbilder anfertigen. Die Zeit drängte, denn ich wollte um keinen Preis zur Aushändigung meines Lehrvertrages zu spät kommen den ich bereits schon im November 1980 unterschrieben hatte.

Nicht nur vom Regen durchnässt, sondern auch schweißgebadet, trat ich in die Pedalen meines Fahrrades und fuhr, so schnell ich konnte, zu meinem zukünftigen Ausbildungsbetrieb. Dort angekommen, kämmte ich mir noch kurz die nassen Haare und suchte dann das Personalbüro auf.

Im Büro saßen sich zwei Frauen gegenüber, die sich gerade mit ihrer Arbeit beschäftigten. Nachdem ich mich vorstellte, bat mich die eine von beiden, mich noch einen Augenblick zu gedulden. Es dauerte nicht lange, bis eine dritte Frau aus einem Zimmer nebenan dazu kam und mich aufforderte, einzutreten.

Ich konnte erkennen, dass die Ausbildungsverträge und andere Unterlagen auf ihren Schreibtisch schon zurechtgelegt worden waren. Nachdem ich die Bürotür hinter mir geschlossen hatte, wurde ich gebeten, mich zu setzen. Aufgeregt nahm ich auf einen der Stühle am großen Schreibtisch Platz, während mich die Personalleiterin bereits ansprach.

„Kann ich bitte Ihren Personalausweis bekommen und haben Sie ein Passfoto mitgebracht?"

Wie gewünscht übergab ich ihr beides, wobei sie meinen Ausweis nahm und kontrollierte, ob die Daten miteinander übereinstimmten. Die Personalleiterin war keine Frau der vielen Worte, und solange sie nichts von mir wollte, erledigte sie ihre Arbeit. Erst nachdem sie den Lehrvertrag vervollständigt hatte, forderte sie mich kühl auf, diesen an der angegebenen Stelle zu unterschreiben. Ihrer Aufforderung folgend, unterschrieb ich den Lehrvertrag, von dem ich eine Kopie erhielt. Das Wesentlichste war damit erledigt und während die Personalleiterin mich verabschiedete, informierte sie mich darüber, dass ich am Dienstag dem 01.September pünktlich um sieben Uhr auf dem Hof des Betriebes erscheinen sollte. Ich verstaute meine Unterlagen in der Innentasche meiner Jacke und hoffte, dass ich diese trocken nach Hause bekam. Auf den Weg nach Hause fiel mir ein, dass ich noch schnell meinen Vater besuchen könnte, um ihm die frohe Botschaft zu übermitteln, dass ich einen Lehrvertrag als Baufacharbeiter erhielt. Die Bahnhofstraße, in der mein Vater jetzt wohnte, war nur 500 Meter von meinem Ausbildungsbetrieb entfernt. Schnell fuhr ich mit meinem Fahrrad zur Wohnung meines Vaters und klingelte unten an der Haustür des Hauses, da diese tagsüber stets verschlossen war. Von der Straße aus schaute ich nach oben in die zweite Etage, in der mein Vater wohnte und wartete darauf, dass er mir öffnete. Meistens schaute er vorher aus dem Fenster, um nachzusehen, wer klingelte. Da sich nichts rührte, wartete ich noch einen Augenblick und klingelte ein weiteres Mal. Weil der zweite Versuch ebenfalls erfolglos blieb, setzte ich mich wieder auf mein Fahrrad und machte mich auf den Weg nach Hause. Zu Hause angekommen, nahm ich meinen Lehrvertrag aus der Jackentasche und legte ihn fein säuberlich in einen Klapphefter zu meinen anderen Unterlagen. Bis zum 01.September waren noch ein paar Tage Zeit, um Besorgungen für die Lehre zu tätigen. Ich nahm etwas von meinem erarbeiteten Geld und kaufte mir einen weißen Arbeitsanzug für Maurer. Stolz wie Bolle zog ich mir den neuen Arbeitsanzug schon mal über und fühlte mich dabei wie ein erwachsener Mann. Am 01.September 1981 um 5.30 Uhr riss mich das laute, rasselnde Klingeln meines Weckers aus dem Schlaf. An diese göttliche Zeit würde ich mich zukünftig gewöhnen müssen und so bereitete ich mich auf meinen ersten Tag der Berufsausbildung vor. Nachdem ich mit meiner Morgentoilette fertig war, ging ich in die Küche, um zu frühstücken. So richtig wollte das trockene Brot nicht in meinen Magen rutschen und weil ich nicht wusste, was ich dazu trinken sollte, lernte ich mit dem Beginn meiner Lehrzeit den Kaffee kennen. Der Kaffee war mir etwas zu bitter und so tat ich noch zwei Teelöffel Zucker hinzu, um etwas Ge-

schmack reinzubekommen. Bis zu meiner Ernährungsumstellung im Jahr 2014 sollte sich daran nichts ändern.
Nach dem Frühstück schmierte ich mir noch Brote für die Arbeit die ich in einer Brotbüchse aus Aluminium packte, welche ich von meinem Vater erhielt. Meinen Arbeitsanzug verstaute ich in einer älteren Ledertasche mit zwei Verschlüssen aus Metall, die ich ebenfalls von meinem Vater bekam. Um 6.30 Uhr verließ ich das Haus und fuhr mit meinem Fahrrad zu meinem Ausbildungsbetrieb, in dem ich mich um 7.00 Uhr einfinden sollte. Im Betrieb angekommen, befanden sich auf dem Hof schon andere Lehrlinge, die sich miteinander unterhielten. Zum ersten Mal kam mir in den Sinn, dass ich nicht der Einzige war, der am heutigen Tag seine Lehre begann.
Ich stieg von meinem Fahrrad, lehnte es an der Mauer des Betriebes an und schloss es ab. Da ich von den Anwesenden niemanden kannte, hielt ich mich etwas am Rande der Gruppe auf und wartete. In dem Moment als ich mich bückte, um meine Arbeitstasche abzustellen und zwischen die Füße zu klemmen, sprach mich ein Mädchen an. Ich schaute nach oben und sah Gabi. Gabi war eine ehemalige Klassenkameradin, mit der ich zusammen die Schule bis zur zehnten Klasse besuchte. Überrascht, sie hier anzutreffen, fragte ich, warum sie hier sei. Noch mehr überrascht war ich darüber, als mir Gabi erzählte, dass sie ebenfalls Bachfacharbeiter werden wollte. Abgesehen davon, dass ich mir nicht vorstellen konnte, dass Mädchen Bauberufe erlernen können, war ich sehr gespannt darauf, wie sich Gabi auf der Baustelle anstellen würde und freute mich darüber, jemanden zu kennen, der mir vertraut war.

Von einem Mitarbeiter des ZBO Landbau wurde das Tor zum Betriebsgelände geöffnet und ein Fahrzeug der Marke Barkas B1000 fuhr auf den Hof. Ein kleiner, rundlicher Mann im weißen Arbeitsanzug stieg aus dem Fahrzeug und bat uns, im Barkas Platz zu nehmen. Insgesamt standen 8 Plätze zur Verfügung, wobei es dann schon sehr eng wurde. Nachdem die Lehrlinge im Fahrzeug Platz nahmen, fuhren wir auf die zukünftige Lehrlingsbaustelle. Unser Ziel war die Ernst von Bergmann-Straße, gleich in der Nähe des Kreiskrankenhauses von Gardelegen.

Innerhalb weniger Minuten erreichten wir die Baustelle. Auf der Lehrlingsbaustelle herrschte reges Treiben, denn die Lehrlinge des zweiten Lehrjahres waren mit ihren Arbeiten bereits im Gange. Einer nach dem anderen stiegen wir aus dem Fahrzeug und bestaunten die vor Ort herumliegenden Baumaterialien. Das große Gelände der Lehrlingsbaustellebestand aus zwei Hälften, einen vorderen und einem hinteren Teil mit jeweils einem Bauprojekt. Ein verrosteter Bauzaun grenzte die Baustelle ab, sodass diese von Unbefugten nicht betreten werden konnte. Ein großes Tor, hergestellt aus demselben Bauzaun, der sich auch um die gesamte Baustelle befand und einem ebenso verrosteten Vorhängeschloss, stellte den Zugang zur Baustelle sicher. Der hintere Teil wurde von den Lehrlingen des zweiten Lehrjahres bewirtschaftet. Der Standardneubaublock, bestehend aus 3 Etagen und vier Eingängen, wurde fast fertiggestellt und sollte für die Übergabe an die Stadt vorbereitet werden.

Nachdem sich alle Lehrlinge aus dem engen Barkas quälten und zu einer Gruppe versammelten, wartete ich mit meiner Arbeitstasche in der Hand ab, was als nächstes folgen würde. Der kleine, rundliche Mann, der uns mit dem Fahrzeug vom Betriebshof des ZBO Landbau abholte, sollte für die nächsten zwei Jahre mein Lehrausbilder werden. Die neuen Lehrlinge aus den Nachbardörfern, die sich nicht auf den Betriebshof einfanden, kamen direkt auf die Lehrbaustelle und warteten bereits auf uns. Mein Lehrausbilder übernahm die Gruppe der Lehrlinge aus meiner Heimatstadt, in der auch ich mich befand. Ein zweiter Lehrausbilder, gekleidet mit einem blauen Arbeitsanzug, übernahm die Lehrlinge aus den Nachbardörfern. Mit unseren Ausbildern gingen wir in die Richtung eines kleineren Gebäudes, welches sich direkt hinter der Toreinfahrt der Baustelle befand. In diesem Gebäude, welches später als Kaufhalle fungieren sollte, befanden sich unsere Umkleideräume und ein großer Pausenraum. Beim Betreten des Gebäudes wurden wir aufgefordert, unsere persönlichen Sachen in einem für jeden Lehrling vorgesehenen Schrank abzulegen und gebeten, unsere Arbeitsanzüge und Arbeitsschuhe anzuziehen. Verkleidet als Bauarbeiter, verließen die Ausbilder mit ihrer Gruppe wieder das Gebäude, wobei sich jeder Lehrling einen weißen Schutzhelm und die Lehrausbilder einen gelben Schutzhelm auf den Kopf setzten. Unser Ausbilder lief vor uns her und erklärte, wie zukünftig der tägliche Tagesablauf auf der Baustelle aussehen würde. Die etwas „plumpe" und gewöhnungsbedürftige Art des Ausbilders animierte einen Lehrling dazu, ihn nachzuäffen, wobei die anderen Lehrlinge leise lachten. Schon bald sollte sich herausstellen, dass sich der freche Lehrling zu unserem Gruppenclown etablierte und zu jeder

Gelegenheit einen Witz oder eine lustige Geste parat hielt. Gegen 9.30 Uhr traten wir den Rückweg zum Pausenraum an, um eine Frühstückspause einzulegen. Jeder Lehrling nahm seine Brotbüchse und suchte sich einen Platz im Raum. Gabi, meine ehemalige Klassenkameradin, setzte sich neben mich auf einem Platz am großen Fenster zur Straßenseite hin. Von dort aus konnte man die Ernst von Bergmann-Straße und den belebten Verkehr beobachten. Etwas müde vom Herumlaufen auf der Baustelle, schauten wir beide stumm aus dem Fenster und aßen unser Pausenbrot. Nach zwanzig Minuten war die Frühstückspause beendet und die Lehrausbilder forderten uns auf, die Schutzhelme aufzusetzen und uns wieder vor dem Gebäude zu versammeln. Die vollständige Gruppe bewegte sich in Richtung der Baustelle des zweiten Lehrjahres, zu dem fast fertig gestellten Wohnblock, der demnächst an die Stadt übergeben werden sollte. Im ersten Aufgang des Gebäudes wurde noch tatkräftig gearbeitet und die zukünftigen Baufacharbeiter zeigten uns ihr erlerntes Können. Unsere Ausbilder erklärten uns das Entstehen der einzelnen Bauabschnitte, wie viel Zeit diese in Anspruch nehmen würden und welche Baumaterialien verwendet wurden. Etage für Etage und Aufgang für Aufgang kämpften wir uns in die oberste Etage des Wohnblocks zum Dachboden durch, wo sich einige Lehrlinge damit beschäftigten, die Zwischenräume der Dachsteine mit Mörtel zu verstreichen. Der Dachboden des Wohnblockes war die letzte Anlaufstelle für den heutigen Tag, und da die Zeit wieder schnell verging, war die Mittagspause schon in greifbarer Nähe.

Langsam traten wir wieder den Rückweg zum Pausenraum an. Die neuen Arbeitsschuhe hinterließen bei einigen Lehrlingen bereits die ersten Abdrücke in Form von Rötungen, welche sich in absehbarer Zeit zu Blasen entwickeln sollten. Im Pausenraum roch es bereits nach Essen und dem Geruch nach gab es Linsensuppe. Die zurückgekehrten Lehrlinge legten die Schutzhelme auf ihren Schränken ab, nahmen sich einen Teller und stellten sich in der Schlange an, an der bereits die Kollegen des zweiten Lehrjahres standen. Aus einem großen Aluminiumkübel schöpfte eine ältere Frau die Suppe auf unsere Teller und übergab uns dazu eine dicke Scheibe Brot. Mit unserer Suppe und dem Brot in der Hand nahmen wir wieder unsere Plätze ein. Wie schon zur Frühstückspause setzte sich Gabi wieder neben mich. Mit leerem Blick schauten wir zum Fenster hinaus und aßen unsere Suppe. Erst nach dem wir unsere Teller leer aßen, fanden wir wieder Worte und unterhielten uns über die vergangenen Stunden. Während Gabi mir ihre ersten Eindrücke des bisherigen Tages erzählte, zog sie sich die Arbeitsschuhe aus, um die Füße etwas zu entspannen. Die Arbeitsschuhe an meinen Füßen bereiteten mir keine Schwierigkeiten, da ich es bereits gewohnt war, mit solchen herumzulaufen. Die Mittagspausen während der Lehrzeit besaßen eine Länge von 45 Minuten. Der von der Septembersonne überhitzte Pausenraum machte zusätzlich müde und nach etwa 15 Minuten entschlossen sich Gabi und ich, an die frische Luft nach draußen zu gehen. Vor dem Gebäude trafen wir Lehrlinge mit ihrer Zigarette auf einem für die Raucher eingerichteten Platz an, da auf der gesamten Baustelle Rauchverbot herrschte.

Der Sommer neigte sich zwar dem Ende zu, aber an diesem Tag war es mit teilweise über 25 Grad noch ziemlich warm. Draußen setzten wir uns auf einen Stapel mit Schalungselementen aus Metall, die für die Bodenplatte des neuen Wohnblocks angeliefert wurden, und genossen den sonnigen Sommertag. Als die Raucher sich wieder in den Pausenraum begaben, wussten wir, dass die Mittagspause zu Ende ging, und folgten ihnen.

Die meisten Lehrlinge saßen bereits wieder im großen Raum und warten auf die nächsten Anweisungen der Lehrmeister. Wenige Minuten später forderte unser Lehrmeister uns auf, ihm zu folgen. Hinter dem Gebäude stand ein aus Wellblechtafeln errichtetes Gerätehäuschen, in dem die Werkzeuge der Lehrlinge und andere Baugeräte lagerten. Die Gruppe des anderen Lehrmeisters stand bereits vor dem geöffneten Gerätehaus und empfing das Werkzeug, das zukünftig benötigt werden würde. Auch unsere Gruppe erhielt einen 10 Liter Zinkeimer, eine 80 cm lange Wasserwage aus Holz, einen 2 Meter Zollstock, einen Maurerhammer, 4 Putzhacken, ein Paar Arbeitshandschuhe und die dreieckige Maurerkelle. Da der Herbst schon in den Startlöchern stand und die feuchten und regnerischen Tage nicht mehr lange auf sich warten ließen, erhielten wir zusätzlich eine graue Gummijacke und ein Paar Gummistiefel. Die erhaltenen Werkzeuge wurden mit den Initialen des Besitzers markiert, so dass er diese am nächsten Arbeitstag wiederfinden konnte. In einem Regal im Gerätehaus erhielt jeder Lehrling einen Stellplatz für sein Werkzeug. Die Ausbilder forderten uns auf, das Werkzeug in den Zinkeimer zu legen, den Eimer in das Regal im Gerätehaus zu stellen und uns dann wieder vor dem Eingang des Pausenraumes zu versammeln. Einige Lehrlinge nutzten die Gelegenheit des Wartens und zündeten sich eine Zigarette an. Die Meister sahen es nicht gerne das Lehrlinge des ersten Lehrjahres rauchten, aber sie sahen darüber hinweg, solange das Rauchverbot auf der Baustelle eingehalten wurde.

Der erste Tag der Lehre ging in die späten Nachmittagsstunden und der Feierabend rückte näher. Die Lehrmeister schlossen sich der wartenden Gruppe an und baten sie, die Kleidung zu wechseln, die persönlichen Sachen wieder aus dem Schrank zu nehmen und uns für die Rückfahrt in den Betrieb des ZBO Landbau vorzubereiten. In den Gesichtern der Lehrlinge war zu ersehen, dass sie sich über diese Anweisungen freuten und ich schloss mich der Freude an. Hektisch drängelten sich alle durch den Flur der Bauunterkunft zu den Umkleideräumen. Die Mitstreiter aus den Nachbardörfern wurden schon auf der Lehrbaustelle verabschiedet und angewiesen, sich jeden Morgen gegen sieben Uhr vor der Einfahrt der Baustelle einzufinden. Alle anderen stiegen in den Barkas ein und fuhren zurück in den Betrieb, wo wir ebenfalls mit denselben Anweisungen wie für unsere Mitstreiter verabschiedet wurden.

Der erste Tag meiner Lehrzeit war geschafft. Anders als die anderen Lehrlinge war ich es gewohnt, den ganzen Tag auf der Baustelle herumzulaufen und wollte daher den schönen Sommertag noch auf der Terrasse unseres Hauses genießen. Ich hängte meine Arbeitstasche an den Lenker meines Fahrrades und fuhr langsam nach Hause. Dort angekommen verspürte ich einen kleinen Hunger.

Mein Fahrrad stellte ich in der Garage ab und beabsichtigte, durch den Kellereingang vom Garten aus das Haus zu betreten. Doch bevor der Kellereingang erreicht werden konnte, musste erst die hochliegende, große Terrasse umgangen werden. Ahnungslos verließ ich durch eine Seitentür die Garage und schlenderte zum Hintereingang des Hauses. In meinen Gedanken versunken, bemerkte ich nicht die kleinen Veränderungen im Garten. Ich ging die Treppe zum Kellereingang hinunter und war im Begriff die Tür zu öffnen, als plötzlich ein schwarzbrauner Schäferhund mit fletschenden Zähnen neben mir stand und versuchte, mein Bein zu packen. Aus einem Reflex heraus schob ich mit meiner Arbeitstasche den Schäferhund beiseite, ging schnell die Kellertür hindurch und schloss sie hinter mir. Tief durchatmend versuchte ich zu begreifen, was eben passiert war.

Nach dem ich meinen kleinen Schock halbwegs überwunden hatte, ging ich nach oben, um vom Fenster des Mehrzweckzimmers aus nachzusehen, was der Hund in unserem Garten veranstaltete. Beim Betreten des Raumes sah ich meine Halbschwester Heidrun seelenruhig schlafend auf dem Sofa herumliegen. Heidrun bemerkte meine Anwesenheit und wollte von mir wissen, was los sei.

„Was macht der Hund in unserem Garten, fragte ich Heidrun"?

„Das ist mein Hund, ich benötige ihn für die Arbeit als Schäfer", antwortete sie mir.

„Aber warum läuft der Hund frei im Garten herum?", gab ich empört zurück.

"Was, der Hund läuft frei herum, ich habe ihn doch an seiner Hütte festgebunden", und Heidrun erhob sich ruckartig vom Sofa, um aus dem Fenster zu sehen, was ihr Hund so treibt.

„Na das sieht man ja", fauchte ich meine Halbschwester an und verließ das Zimmer. Wütend ging ich in die Küche, um mir etwas zu essen zu machen, während Heidrun sich nach draußen bewegte, um den Hund im Garten wieder anzubinden. Aus Angst, der Hund könnte sich wieder losreißen, verkniff ich es mir, meine Mahlzeit auf der Terrasse einzunehmen, so wie ich es ursprünglich plante.

Jeden Morgen um dieselbe Zeit stand ich auf, frühstückte und verließ das Haus so, dass ich pünktlich um sieben Uhr auf der Lehrlingsbaustelle war. Meine Halbschwester Heidrun musste als Schäfer schon früher das Haus verlassen und damit brauchte ich nicht zu befürchten, dass mich der Hund anfallen würde. Am späten Nachmittag jedoch, wenn ich wieder zu Hause ankam, war Vorsicht geboten, während ich mit einem prüfenden Blick den Garten überschaute, ob der Hund angebunden war. Immer wieder gelang es dem Schäferhund, sich loszureißen und die Familienmitglieder zu terrorisieren. Monatelang schaute ich mir das Theater noch an, doch meine Halbschwester Heidrun bekam ihren Hund einfach nicht in den Griff. Eines Tages hatte ich dann die Nase voll. Wieder lief der Hund im Garten herum und bellte am Zaun einen Nachbarn an. Da der Garten nicht betreten werden konnte, entschloss ich mich dazu, dem

Hund eine Lektion zu erteilen. Ich ging in den Keller hinunter, schaute aus dem Fenster vom Heizungsraum aus in den Garten, um den Hund zu beobachten. Leise schlich ich mich zur Kellertür, um diese einen kleinen Spalt zu öffnen, so dass der Hund es hören konnte. Hinter der schweren Holztür wartete ich auf das Erscheinen des Hundes. Nur wenige Sekunden später, steckte der Hund mit fletschenden Zähnen seinen Kopf durch den Türspalt. Genau in diesem Moment, drückte ich mit einem kleinen Schubs die Tür zu, so dass der Hund es spüren konnte. An das Gewinsel des kleinen Monsters erkannte ich den Erfolg meines Vorhabens. Das Arbeitstier meiner Halbschwester verkroch sich in seiner Hütte und kam nicht mehr heraus. Heidrun war voller Zorn, als sie von meiner Aktion erfuhr, doch oft genug bat ich sie darum, ihren Hund in den Griff zu bekommen. Als Schäferhund war der Gartentyrann nun nicht mehr zu gebrauchen. Heidrun musste den Hund weggeben und gegen einen anderen eintauschen, wobei sie den neuen Hund nicht mehr mit nach Hause nahm.

In einem Rhythmus von vier Wochen, wechselte die praktische Arbeit auf der Lehrbaustelle in die theoretische Ausbildung der Berufsschule. Die meisten Lehrlinge freuten sich darüber, ab und zu eine Abwechslung zu bekommen. Ich jedoch bekam dasselbe Problem mit der Berufsschule wie einst mit der allgemeinen Schulausbildung bis zur zehnten Klasse. Die Theorie lag mir einfach nicht. Dennoch gab ich mir Mühe, so gut wie möglich dem Unterrichtsstoff zu folgen. Bis auf das Fach Staatsbürgerkunde beinhalteten die meisten Unterrichtsfächer den Lehrstoff für den Baufacharbeiter. Die Berufsschule befand sich hinter einer alten zerfallenden Kirche am Rande der Altstadt von Gardelegen. Einen Vorteil besaß die theoretische Ausbildung der Berufsschule, denn der Tag war nicht so lang wie die praktische Ausbildung auf der Lehrbaustelle. Gegen 14.30 Uhr war meistens Unterrichtsschluss. In der Berufsschule drückte ich mit Gabi gemeinsam die Schulbank. Später fiel mir auf, dass Gabi ständig den Kontakt zu mir suchte. Naiv wie ich war und unerfahren den Mädchen gegenüber, bemerkte ich anfänglich die Anmache meiner Banknachbarin nicht. Erst als diese etwas aufdringlich wurde, kapierte ich, was vor sich ging. Vorerst tat ich so, als würde ich nichts mitbekommen, was ihre Anstrengungen, auf sich aufmerksam zu machen nur noch verstärkte. Mit dem Kennenlernen meiner ersten großen Liebe nahm Gabi mit wachsamen Augen Abstand von mir und beobachtete meine Beziehung zu dem anderen Mädchen.

Ab Mitte Dezember 1981 brach der Winter über die Lehrbaustelle ein. Es wurde eisig kalt und es schneite heftig. Die Baustelle musste winterfest gemacht werden, weil die Weihnachtsfeiertage und der Jahreswechsel näher rückten. Alle Öffnungen des Rohbaus wurden mit Holztafeln und Brettern verschlossen. Vor den Eingängen standen die riesigen Brennöfen mit einem Gebläse, die dafür sorgten, dass wir auch an kalten Wintertagen die Arbeit fortsetzen konnten. Jeden Morgen hieß es dann, die Brennöfen anzuheizen und dafür zu sorgen, dass diese nicht ausgingen. Im wöchentlichen Wechsel, übernahmen wir Lehrlinge gekleidet mit Filzstiefeln, einer dicken Wattejacke und klappernden Zähnen die Aufgabe, in den frühen Morgenstunden alle Öfen anzuheizen, um die Baustelle betriebsbereit zu machen. Wenn die Nächte sehr kalt waren, setzte gelegentlich der starke Frost ein Gebläse des Brennofens außer Gefecht. In der kalten Jahreszeit verarbeiteten wir zwar oft Frostschutzmittel im Mörtel, dennoch mussten schnell Ersatzteile heran, um das defekte Gebläse wieder zu reparieren.

Die Weihnachtsfeiertage sowie der Neujahrswechsel waren überstanden und der Januar des Jahres 1982 zeigte sich in den Temperaturen etwas gnädiger. Glücklich darüber, den Monat Januar in der theoretischen Berufsausbildung und den warmen Unterrichtsräumen verbringen zu dürfen, hofften wir alle, dass der kalte Winter und das erste Halbjahr der Berufsausbildung bald zu Ende gingen. An verschiedenen Stellen meines Buches komme ich auf meine Lehrzeit zurück, aber ich möchte jetzt schon sagen, dass die Zeit der Berufsausbildung eine schöne Zeit war.

Die erste große Liebe

Mir fällt es schwer, in diesem Kapitel über die Frau zu erzählen, die mir später das Herz brach, eine Familie zerstörte, mir meinen Sohn nahm und mit der ich doch eigentlich mein Leben bis ans Ende meiner Tage hatte verbringen wollen. Wenn ich mich an dieser Stelle zurückerinnere, befällt mich nach so vielen Jahren immer noch eine unglaubliche Enttäuschung über die Zerstörungswut eines Menschen, den ich einst liebte.

Es war der 5. Februar 1982. Meine Halbschwester Heidrun, die mir längst die Tragödie mit ihrem Schäferhund verziehen hatte, benötigte wieder einmal meine Hilfe. Meine Familie nahm meistens Abstand von mir und sie kümmerte sich nur selten um mich, doch wenn sie praktische Hilfe benötigte, griff sie gerne auf meine handwerklichen Fähigkeiten zurück.

Heidrun war bereits aus dem elterlichen Haus ausgezogen und bezog eine eigene Wohnung in der Altstadt von Gardelegen. Es war schon später Nachmittag und es wurde bereits dunkel, als ich mich dazu entschloss, mit meinem Fahrrad zu meiner Halbschwester zu fahren, um ihr in ihrer neuen Wohnung behilflich zu sein. Wie immer nahm ich mein Fahrrad mit in den großen Hausflur des Hauses und schloss es dort ab. Da die Beleuchtung des Treppenhauses mal wieder nicht funktionierte, tastete ich mich mit der schwach leuchtenden Flamme meines Feuerzeuges die alte Holztreppe des Hauses zur ersten

Etage vor, in der Heidrun wohnte. Eine große, hölzerne Doppeltür trennte den Aufgang von der ersten Etage ab und der alte knarrende Holzfußboden verriet schnell, wenn sich jemand im Hausflur aufhielt.
Ich klopfte an der Wohnungstür, die sich sofort öffnete. Wenn die Wohnung betreten wurde, stand man direkt im großen Wohnzimmer mit einer Raumhöhe von knapp vier Meter. Der Raum besaß zwei riesige Doppelfenster ohne Gardinen, dessen oberes Ende ohne eine Leiter nicht erreicht werden konnte. Ein Heizungssystem gab es nicht. An einem Schornstein angeschlossen, stand auf einem Metallblech ein kleiner Kohleofen, der es nicht schaffte, den großen Raum durchzuheizen. So wie den Hausflur zierte die komplette Wohnung ein aus Holzdielen bestehender alter Fußboden. Hinter der nächstgelegenen Zimmertür präsentierte sich die kalte Küche in ihrer ganzen „Schönheit". Und da die Wohnung nur aus Durchgangsräumen bestand, schlossen sich hinter der Küche das Schlafzimmer und das Kinderzimmer an.

Es war meine Aufgabe, den kaputten Küchenschrank so zu reparieren, dass er für seine Funktionsweise genutzt werden konnte. Heidrun war für mein Empfinden von Natur aus etwas liederlich und daher lagen in ihrer Wohnung Berge von Wäsche herum, die den Weg in den Schrank nicht finden konnten. Sigmund, der Lebensgefährte von Heidrun, war mit den beiden Kindern Björn und Norman völlig überfordert.
Sigmund war ein ruhiger und einfacher Mann. Er bemühte sich, seinen Aufgaben als Vater gerecht zu werden, doch ohne genauere Anweisungen war er kaum in

der Lage, seine Aufgaben zu bewältigen. Den Befehlston meiner Halbschwester hatte sie von unserer Mutter übernommen, und so tat ihr Mann ohne Widerworte, was ihm aufgetragen wurde.

Ich kämpfte mich an den Wäschebergen vorbei zur Küche hindurch. Froh darüber, dem Kindergeschrei aus dem Wohnzimmer zu entkommen, schloss ich die Küchentür hinter mir und machte das Licht an. Durch den Türspalt zum anschließenden Schlafzimmer sah ich, dass dort Licht brannte. Das Licht hat wohl jemand vergessen auszumachen, dachte ich mir und ging, ohne weiter darüber nachzudenken, an meine Arbeit. Vom Küchenschrank waren einige Halterungen für die Einlegeböden abgebrochen, die Schubladen kamen ihrer Aufgabe nicht nach und zwei Schranktüren waren an den Scharnieren ausgerissen. Mit dem bereitliegenden Werkzeug versuchte ich ein bisschen zu zaubern und den Küchenschrank halbwegs funktionstüchtig zu bekommen.

Gerade war ich im Begriff, das Werkzeug beiseite zu legen, als ich aufschreckte, weil die Zimmertür zum Nebenraum aufging. Ein etwa 1,70 Meter großes Mädchen mit langem braunem Haar, dunkelgrünen Augen, gekleidet mit einem rot-blau karierten Hemd und einer schwarzen Cordhose, betrat die Küche.

„Wer bist Du denn?" fragte ich erschrocken.

„Ich bin die Doreen", antwortete das Mädchen und ging weiter ihrer Tätigkeit nach.

„Was hast Du denn im Zimmer nebenan gemacht, wenn ich fragen darf"?

„Ich habe die Wäsche zusammengelegt, die auf dem Bett herum lag und jetzt wollte ich in der Küche das Geschirr abwaschen", bekam ich zur Antwort. „Ach so", stellte ich verwundert fest und tat so, als wäre ich mit meiner Arbeit noch nicht fertig. Ausprobierend, ob die Reparatur am Küchenschrank erfolgreich war, beobachtete ich das Mädchen beim Abwasch des Geschirrs. Da kein fortführendes Gespräch zustande kam und meine Reparaturarbeiten beendet waren, beschloss ich, ins Wohnzimmer zurückzugehen. Heidrun saß auf dem Sofa und beschäftigte sich mit einem ihrer Kinder. „Sag mal Heidrun, wer ist denn dieses Mädchen in deiner Küche?"

„Du meinst bestimmt Doreen, oder?"
„Also wenn nicht noch andere Mädchen in der Wohnung herumlaufen, dann meine ich Doreen!"

„Ich habe Doreen über einen Kumpel von mir kennengelernt und sie hat sich bereiterklärt, mir gelegentlich bei der Hausarbeit zu helfen."

„Ach so und an welchen Tagen genau kommt sie immer zum Helfen?"

„Wieso fragst du, gefällt sie dir etwa?"

„Nee nee, ist nur Neugierde."

„Na wenn es nur Neugierde ist, dann kann ich dir ja sagen, das Doreen fast jeden Freitagnachmittag nach der Schule hier ist."

„Hättest du etwas dagegen, wenn ich dir freitags nach der Arbeit auch ein bisschen helfen komme?"

„Ah, ich verstehe, nö, komm ruhig vorbei, wenn du möchtest."

„Ok, danke."
Nach dem Gespräch mit Heidrun verabschiedete ich mich von ihr und schaute kurz in der Küche vorbei, um auch Doreen noch einen schönen Abend zu wünschen.
Die kommende Woche bis zum nächsten Freitag wollte einfach nicht vergehen. Ständig musste ich an Doreen denken. Bisher hatte ich noch nie ein Mädchen kennengelernt, ganz zu schweigen von der Tatsache, dass ich mich nun in eines verliebte. Es war wohl Liebe auf den ersten Blick und ich konnte den nächsten Freitag kaum noch erwarten, um Doreen wiedersehen zu können. Endlich war Freitag, der 12.02.1982. Nach der Arbeit fuhr ich mit meinem Fahrrad so schnell ich konnte nach Hause, um mich für den Feierabend zurechtzumachen. Ich zog meine besten Klamotten an und putzte sogar meine Schuhe. Alles ging rasend schnell und ich bemerkte nicht einmal, dass ich ohne Licht am Fahrrad, im Dunkeln, durch die Stadt von Gardelegen zur Wohnung von Heidrun fuhr. Wie immer nahm ich mein Fahrrad mit in den Hausflur des Hauses und schloss es dort ab. Nach einer Woche war das defekte Flurlicht noch immer nicht repariert und so tastete ich mich wieder im Flammenschein meines Feuerzeuges die Treppe hinauf. Ich klingelte und Heidrun öffnete mir die Tür. Als ich die Wohnung betrat, tat ich so, als wäre ich zufällig vorbeigekommen, um mal „Hallo" zu sagen.

Wie erwartet, war auch Doreen anwesend. Doreen saß mit angezogenen Beinen auf dem Sofa und sah fern. Im Laufgitter inmitten der Wohnstube spielten die beiden Kinder, Björn und Norman. Beim Vorbeigehen am Sofa gab ich Doreen zur Begrüßung die Hand und ging mit Heidrun in die Küche. Heidrun bereitete gerade das Abendessen für die Kinder zu und bat mich, ihr dabei zu helfen. In einem Topf mit warmem Wasser wärmte ich den Brei für die Kinder auf. Mit dem fertigen Abendessen gingen wir zurück in das Wohnzimmer und stellten es auf den Tisch ab. Heidrun nahm sich eins ihrer Kinder, um es mit dem aufgewärmten Brei zu füttern und setzte sich auf das Sofa. Da meine Halbschwester noch keine Stühle oder Sessel besaß, bat sie mich, ebenfalls auf dem Sofa Platz zu nehmen. Verlegen setzte ich mich zu ihnen und legte die Beine übereinander, um nicht allzu viel Platz einzunehmen. Während Heidrun ihre Kinder fütterte, sahen Doreen und ich fern. Gesättigt wurden die Kinder dann gewaschen und für die Nachtruhe vorbereitet. Doreen half dabei, Björn und Norman ins Bett zu bringen, und ich kümmerte mich um das dreckige Geschirr in der Küche. Nach getaner Arbeit wollte sich Doreen verabschieden und nach Hause gehen. Heidrun bat mich, Doreen auf dem Heimweg zu begleiten, wenn sie nichts dagegen hätte. Da es von ihr keine Einwände gab, begleitete ich sie auf ihren Weg nach Hause. Während ich mit meinem Fahrrad in der Hand neben Doreen lief, versuchte ich unser Schweigen mit ein paar Fragen aufzubrechen.

„Wo wohnst du denn eigentlich, Doreen?"

„In der Ernst von Bergmann-Straße beim Krankenhaus!"

„Wirklich?" „Da ist auch meine Lehrbaustelle."
„Ich weiß, ich sah dich schon öfter dort, wenn ich am Nachmittag nach der Schule an eurer Baustelle vorbeiging."

„In welche Schule gehst du denn?"

„Ich gehe auf die EOS in der Stadt und bin in der elften Klasse."

„Na das ist ja gleich in der Nähe, da brauchst du nicht weit zu laufen."

„Ja, das stimmt allerdings."

Die Zeit verging wie im Fluge und wir standen plötzlich vor der Haustür ihres Wohnblocks.

„Bist du nächsten Freitag auch wieder bei Heidrun?"

„Ich denke schon."

„Ok, dann werde ich auch da sein."

Ich stieg auf mein Fahrrad und verabschiedete mich von Doreen. Mit einem kleinem Lächeln und leichtem Kribbeln im Bauch fuhr ich nach Hause. In den folgenden Wochen trafen wir uns regelmäßig in der Wohnung von Heidrun und wenn Doreen wieder nach Hause gehen musste, begleitete ich sie.

Irgendwann erfuhren die Eltern von Doreen, dass sie mit mir verkehrte und verbaten ihrer Tochter jeglichen Umgang mit mir. Weitere Treffen in Heidruns Wohnung blieben aus. Ich konnte es einfach nicht fassen, dass gerade jetzt, wo ich endlich mal ein Mädchen kennenlernte, das mir etwas bedeutete, diese Geschichte nach so kurzer Zeit beendet wurde. Nach vielen verzweifelten Versuchen, irgendwie mit Doreen Kontakt aufnehmen zu können, gelang es mir, ein geheimes Treffen zu organisieren. Doreens Bruder Andreas kam eines späten Nachmittags, es war bereits dunkel, mit Doreen auf dem Moped zur Heidruns Wohnung gefahren. An einer abgelegenen Stelle hinterm Haus, die von der Straße nicht eingesehen werden konnte, trafen wir uns dann.

„Was ist denn los, Doreen, warum kommst du nicht mehr zu unseren Treffen?"

„Ich kann nichts dafür, meine Eltern haben mir jeglichen Umgang mit dir und deiner Familie verboten!"

„Warum denn?"

„Na wegen der politischen Einstellung deiner Mutter und weil deine Familie einen nicht so guten Ruf hat!"

„Und was hat das mit uns beiden zu tun?"
„Na meine Eltern arbeiten doch in bestimmten Positionen und können in unangenehme Situationen kommen, wenn herauskommt, dass sich unsere Familie mit einer Familie wie deiner abgibt."

„Und was wollen wir jetzt machen?"

„Ich weiß auch nicht, es ist besser wenn wir uns vorerst nicht mehr treffen."

„Und wie lange ist vorerst?"

„Das kann ich dir auch nicht sagen, wir müssen jetzt wieder los, ich melde mich später wieder bei Heidrun."

Doreen fuhr mit ihrem Bruder wieder fort und ich hatte keine Ahnung, wann wir uns das nächste Mal wiedersehen würden. Enttäuscht und traurig zu gleich, fragte ich bei meiner Halbschwester ständig nach, ob sie schon etwas von Doreen gehört hätte. Die Tage vergingen wie Monate und die Antworten von Heidrun waren immer die gleichen.

„Tut mir leid, Siegfried, Doreen hat sich nicht bei mir gemeldet."

Genervt von der Warterei entschloss ich mich dazu, mich in Geduld zu üben und abzuwarten, was die Zeit so bringen würde.
An einem Abend Ende März, es war kurz nach dem fünfzehnten Geburtstag von Doreen, kam sie mit ihrem Bruder Andreas mit dem Moped dieses Mal bei mir zu Hause vorbeigefahren. Ich war überrascht und erfreut über das Wiedersehen. Doreen teilte mir mit, dass es ihr egal sei, was ihre Eltern wollen und dass wir uns wieder regelmäßig bei Heidrun treffen könnten.

Als ich sie fragte, was vorgefallen war, antwortete sie kurz, dass wir uns am nächsten Freitag zur gewohnten Zeit bei Heidrun darüber unterhalten würden. Auch an diesem Abend hatten sie es wieder eilig, denn ihre Abwesenheit von zu Hause sollte nicht auffallen.

Nach diesem Wiedersehen konnte ich das nächste Treffen mit Doreen kaum noch erwarten. Nicht nur die Eltern von Doreen tolerierten meine Beziehung zu ihrer Tochter nicht, sondern auch meine Mutter war aus politischen Gründen gegen diese Beziehung. Dementsprechend gab es zwei Elternhäuser, in denen es unmöglich war, sich zu treffen und die Freizeit miteinander zu verbringen. Da wir uns aus Sicherheitsgründen vorerst nicht bei Heidrun treffen konnten, blieb keine andere Möglichkeit, als unsere Zeit auf den Straßen der Stadt und dem Stadtwall von Gardelegen zu verbringen.

Der April 1982 zeigte sich zwar gnädiger in den Außentemperaturen, dennoch suchten wir bei nassen und regnerischen Tagen die Geschäfte auf, um uns aufzuwärmen oder dem Regen zu entrinnen.

In der wärmeren Jahreszeit und den Sommermonaten war es draußen sehr angenehm und wir hatten mehr Möglichkeiten, unsere gemeinsame Freizeit zu gestalten. Fast ein halbes Jahr musste vergehen, bevor unsere Eltern akzeptierten, dass sie unsere Beziehung nicht auseinanderbringen konnten. Umso mehr sie sich gegen uns stellen, umso mehr schweißte es uns zusammen. Ich hatte Doreen nie danach gefragt, ob sie mit mir „Gehen" wollte. Ohne Worte schmiedete die Liebe uns zusammen. Der Sommer und das erste Lehrjahr vergingen wie im Fluge. Mit Beginn des zweiten Lehrjahres forderte meine Mutter mich auf, ein entsprechendes Kostgeld bei ihr abzugeben. Von meinen 110 Mark Lehrlingsgeld monatlich sollte ich ihr 50 Mark überlassen wegen der Unkosten, die sie meinetwegen hätte. Auf meine Frage hin, warum sie gerade bei mir damit beginnen möchte, Kostgeld zu fordern und nicht schon bei meinen Halbgeschwistern zuvor damit begonnen hatte, antwortete sie mit den Worten - weil sie das so möchte. Meiner Mutter war bekannt, dass ich nicht nur mit meinem Lehrlingsgeld haushalten musste, sondern, dass mir auch der Verdienst von der Arbeit an den Wochenenden zur Verfügung stand. Da ich ausreichend Geld besaß und mir die 50 Mark Kostgeld monatlich nicht wehtun würden, hielt ich es trotzdem für ungerecht, diese Leistung erbringen zu müssen, wobei meine anderen Halbgeschwister bisher verschont blieben. Verärgert über die ungerechte Forderung meiner Mutter lieferte ich Monat für Monat das Kostgeld ab. Meine Mutter spürte, dass ich mit der Kostgeldforderung nicht einverstanden war, zumal ich mich nur noch zum Schlafen und sehr selten im Haus aufhielt. Um dem die Krone aufzusetzen, forderte mich meine Mutter auf, mehr Tagesaufgaben wie zum Beispiel das Staubsaugen und den Abwasch zu übernehmen. Nach der Meinung meiner Mutter wäre ich noch nicht volljährig und weil ich unter ihrem Dach lebe könne sie das von mir verlangen. Meine Mutter verhielt sich merkwürdiger, als ich es gewohnt war und da ich mich kaum noch zu Hause aufhielt, fiel mir nicht auf, dass es schon längere Zeit wieder Stress mit Erwin gab. Eines Tages geriet ein Streit zwischen meiner Mutter und Erwin außer Kontrolle. Erwin wurde des Hauses verwiesen und meine Mutter war äußerst

gereizt. Die ganze Familie befand sich im Ausnahmezustand. Wenn meine Mutter gestresst war, lud sie ihren Frust bei den anwesenden Familienmitgliedern ab.
Ich stand gerade auf einer Leiter und beschäftigte mich damit, den Staub von den Küchenschränken zu wischen, als meine Mutter genervt die Küche betrat. An die Fragen meiner Mutter, die sie an die anwesenden Familienmitglieder stellte, kann ich mich nicht mehr erinnern, jedoch daran, dass ich ihr zur Antwort gab, dass sie ihre schlechte Laune nicht an uns auslassen solle. Sekunden später spürte ich einen dumpfen Schlag am Kopf und als ich mich zu meiner Mutter umschauen wollte, traf mich der zweite Hauslatschen meiner Mutter mitten ins Gesicht. Wütend warf ich einen Latschen, der auf den Schlank neben mir landete, meiner Mutter zurück, wobei ich mir Mühe gab, sie nicht treffen. Erbost über meine Reaktion hob meine Mutter den ihr entgegengeworfenen Latschen vom Küchenboden wieder auf und beabsichtigte, mich mit diesem erneut zu schlagen.
Sie holte aus.

„Wie kannst du es wagen, den Latschen nach mir zu werfen?" rief meine Mutter.

An dieser Stelle war für mich die Grenze des Verständnisses überschritten. Maßlos verärgert, aber behutsam stieg ich die Leiter herunter, wobei ich meine Mutter tief in die Augen sah.

„Wenn du noch einmal versuchst mich zu schlagen, schwöre ich dir, dann schlage ich zurück!"

Während ich diese Worte sprach, hielt ich mit festen Griff den Arm meiner Mutter auf, bevor mich der Hauslatschen ein weiteres Mal im Gesicht treffen konnte. Danach verließ ich die Küche, um mich in meinem Zimmer zu beruhigen. Es dauerte nicht lange, bis sich meine Mutter dazu entschloss, mich in meinem Zimmer aufzusuchen, um mir eine Predigt über den Vorfall in der Küche zu halten.

„Ich werde mir dein Gerede nicht anhören und ich kann dir versprechen, dass du mich nie wieder schlagen wirst!"

Meine Mutter sah mich mit hasserfülltem Gesicht an und bevor sie mein Zimmer verließ, sprach sie noch folgende Worte zu mir:

„Ich will, dass du auszieht, mir ist egal wo du hinziehst, vielleicht nimmt dich ja dein Vater auf."

Nachdem meine Mutter das Zimmer verlassen hatte, legte ich mich auf mein Bett und schaute aus dem Fenster meines Zimmers in einen grauen, verregneten Himmel. Vertieft in meinen Gedanken, entschloss ich mich dazu, gleich am nächsten Tag nach der Arbeit zu meinem Vater zu fahren und ihm vom heutigen Vorfall zu berichten. Nur schleppend vergingen die Stunden des nächsten Arbeitstages, bis endlich der Feierabend nahte. Meistens ging ich nach der Arbeit gleich zu meiner Freundin Doreen, die nur zwei Häuserblocks weiter weg wohnte, doch an diesem Tag hatte ich Wichtigeres vor. Schnell fuhr ich wie geplant mit meinem Fahrrad zu meinem

Vater in die Bahnhofstraße. Ich hatte Glück und ich traf meinen Vater zu Hause an. Aufgeregt erzählte ich, was zwischen mir und meiner Mutter geschehen war und fragte ihn, ob ich bei ihm wohnen dürfte. Das nötige Kostgeld würde er selbstverständlich von mir erhalten. Mein Vater willigte ein, jedoch wollte er das Einverständnis meiner Mutter einholen, um sicher zu gehen, dass alles seine Richtigkeit hatte. Noch am selben Tag packte ich alle meine Sachen und zog zu meinem Vater. Da mein Vater an diesem Tag Frühschicht hatte, beschlossen wir am Nachmittag, meine Sachen mit dem Moped meines Vaters aus dem Haus meiner Mutter abzuholen. Gleichzeitig bot sich die Gelegenheit, dass meine Eltern nötige Absprachen tätigen konnten, was den Unterhalt betrifft.

Die Wohnung meines Vaters war eine Einliegerwohnung mit einem Wohnzimmer und einer Küche. Die Küche lag gegenüber einem kleinen Flur, der gleichzeitig vom Vermieter genutzt wurde. Die Toilette befand sich im Treppenhaus eine Etage höher und wurde ebenfalls von den anderen Mietern genutzt. So komfortabel wie im Haus meiner Mutter war das Wohnen bei meinem Vater nicht, aber ich war glücklich darüber, Abstand von meiner herrischen Mutter und den ignoranten Geschwister zu gewinnen.
Das Wohnzimmer war ein relativ großer Raum mit hohen Wänden. Die Wohnzimmerdecke war mit schönem Stuck verziert und zwei riesige Fenster mit Außenrollo erhellten den Raum. Hinter der Zimmertür in der linken Ecke des Raumes stand ein großer Kachelofen.

Die finanzielle Lage meines Vaters war nicht rosig und so stattete er sein Wohnzimmer nur mit den wichtigsten Möbeln aus.

Neben dem Kachelofen stand ein dreitüriger Kleiderschrank, in dem auch ich meine Sachen verstaute. Zwischen den beiden großen Fenstern des Raumes, gegenüber der Zimmertür, stand ein Radio auf der Kommode, das den ganzen Tag lief, während mein Vater zu Hause war.

Auf der rechten Seite des Zimmers stand in jeder Ecke eine Liege. Ich bekam die Liege unterm Fenster, die ich bereits nutzte, wenn ich meinen Vater besuchte und über Nacht blieb. In der Mitte des Wohnzimmers stand der Wohnzimmertisch mit drei Stühlen. Unter dem Tisch lag ein gewebter, großer, brauner alter Teppich mit einem verzierten Rand, der schon ziemlich abgetreten war. In der linken Ecke neben dem Kleiderschrank stand der Fernseher auf einem kleinen Tisch, und der wurde nur eingeschaltet, wenn es eine interessante Sendung auf dem „Dritten" Programm eines damaligen Westsenders gab. Das Anschauen von Westsendern war in der DDR nicht gestattet, aber der Konverter des Fernsehers wurde von uns so manipuliert, dass wir auf den letzten Millimeter der Skala, das „Dritte" Programm ansehen konnten.

Nur selten war es meinem Vater möglich, das große Wohnzimmer mit dem Kachelofen ordentlich durchzuheizen.

Von seinem Verdienst musste er für vier Kinder Unterhalt bezahlen und nach Abzug der Miete sowie nach Begleichung anderer Nebenkosten, blieb nicht viel Geld zum Leben übrig. Mein Vater führte jeden Tag ein kleines Heft, um den Überblick über seine finanzielle Situation zu behalten.

Meistens ging mein Vater über mehrere Kilometer zu Fuß zur Arbeit um das Geld für Benzin zu sparen. Nachdem ich bei meinem Vater einzog, holte ich ihn oft von der Spätschicht ab, die bis 22 Uhr ging. Auf den Rückweg gingen wir dann gemeinsam am Güterbahnhof vorbei um von dort, versteckt in der Dunkelheit, Kohlen mitzunehmen. In die Arbeitstasche meines Vaters passten genau acht längliche Kohlen rein. Mit zwei zusätzlichen Kohlen, die in unsere Jackentaschen verstaut wurden, gingen wir im Schatten der Straßenlaternen nach Hause, um das Wohnzimmer, welches sich tagsüber ausgekühlt hatte, etwas zu beheizen.

Während wir in der Küche das späte Abendessen zubereiteten, erwärmte der Kachelofen langsam das Wohnzimmer. Die von meinem Vater von Hand geschnittenen Brotscheiben beschmierte ich mit Wurst aus der Büchse. Butter oder Margarine kaufte sich mein Vater nur selten, weil er nicht immer ausreichend Geld dafür besaß. Auch der Kaffeesatz in der Tasse wurde bis zu drei Mal aufgebrüht, weil das Geld für ausreichend Kaffee im Haushalt fehlte.

Nur an den Tagen, an dem der Kran auf der Arbeit meines Vaters kaputt ging, konnte er sich ein paar Mark dazuverdienen, weil die Asbestzementsäcke aus den Wagons mit der Hand ausgeladen werden mussten. Die schwere Arbeit und die Überstunden wurden extra vergütet, weil sonst Standgebühren für die Wagons fällig geworden wären. Da ich nun bei meinem Vater wohnte und er den Unterhalt nicht mehr an meine Mutter entrichten musste, ging es mein Vater finanziell etwas besser. Das Kostgeld, das ich meinem Vater monatlich gab, kam auch noch hinzu.

Mit unseren geschmierten Broten gingen wir ins leicht erwärmte Wohnzimmer und setzten uns an den Tisch um zu essen. Freitags oder samstags schalteten wir den Fernseher an und schauten zur nächtlichen Stunde einen Film aus dem „Gruselkabinett des Dritten Programms". Mit einem Bier dazu machten wir es uns richtig gemütlich.

Die Wege zur Lehrlingsbaustelle und zur Berufsschule waren für mich kürzer geworden, da ich jetzt in mitten der Stadt wohnte. Auch das Treffen mit meiner Freundin Doreen gestaltete sich unkomplizierter, weil ihre Eltern an meinem Vater nichts auszusetzen hatten. Die Zeiten, in denen wir stundenlang in der kalten Jahreszeit draußen herumlaufen mussten, waren damit beendet. Mein Vater hatte keine Einwände, wenn ich mich mit Doreen tagsüber in der Wohnung aufhielt.

In der warmen Jahreszeit waren wir ausschließlich an der frischen Luft, sind im Stadtpark spazieren gegangen oder in den Sommermonaten in den Kiesgruben zum Baden gewesen. Das letzte Halbjahr meiner Lehrzeit ging zu Ende und mit meiner Freundin Doreen war ich mittlerweile über eineinhalb Jahre zusammen. Davon abgesehen, dass ich während dieser Zeit kleinere Probleme zu lösen hatte, war die Lehrzeit durch das Kennenlernen meiner ersten großen Liebe die bisher aufregendste Zeit meines Lebens.

In den folgenden Erinnerungen werde ich noch des Öfteren auf meine erste große Liebe, und den daraus entstehenden Geschichten, zu sprechen kommen.

Herrenjahre

Die Lehrjahre gehörten nun der Vergangenheit an und die Epoche meines Erwachsenendaseins, begann am 16.07.1983. Der ZBO – Landbau Gardelegen, mein Ausbildungsbetrieb, übernahm mich wie geplant. Gestern noch war ich ein Lehrling und einen Tag später ein Facharbeiter. Ich hatte mich mein ganzes Leben lang noch nie so erwachsen und so stolz gefühlt. Ich dachte während meiner Ausbildung oft darüber nach, ob das absolvieren der neunten und der zehnten Klasse wirklich nötig war, doch an diesem Tag wurde mir noch einmal bewusst, wie wichtig meine Entscheidung war und dass ich alles richtig gemacht hatte.
Am Montag, dem 18. Juli 1983 fuhr ich mit meinen neuen Kollegen in einem Barkas B100 auf die Baustelle in das Dorf Estedt. Estedt war nur wenige Kilometer von Gardelegen entfernt. Gelegentlich hielt der Barkas an und sammelte noch andere Kollegen ein, die auf verschiedene Baustellen in der Umgebung arbeiteten. Der Juli 1983 war ein heißer Monat und in den Morgenstunden des 08. Juli war es schon recht warm. Die Nacht hatte die heiße Sommerluft nicht richtig abkühlen können und so schwitzten wir schon, bevor wir mit unserer Arbeit begonnen hatten. Das Dorf, wo sich meine neue Baustelle befand, war nicht sehr groß und hatte nur eine Handvoll Einwohner. Dennoch sollte hier, direkt an der Hauptstraße, ein dreistöckiger Neubaublock entstehen. Nach ungefähr 20 Minuten kamen wir auf unsere Baustelle an, auf der bereits von anwesenden Mitarbeitern Vorberei-

tungen getroffen wurden. Ein dicker Mann im weißen Maureranzug und mit einem gelben Helm auf den Kopf brüllte über die Baustelle einen anderen Kollegen an, dass sich dieser mal etwas beeilen solle, da wir gleich mit unserer Arbeit beginnen wollten. Hektisch lief der angebrüllte Kollege über die Baustelle, um den angewiesenen Aufforderungen nachzukommen. Die Rangordnung auf der Baustelle wurde mir schnell klar und noch mehr auch die Tatsache, dass ich der angebrüllte Kollege hätte sein können, wenn ich mich damals nicht dazu entschlossen hätte, zehn Klassen zur Schule zu gehen. Der dicke Mann im weißen Maureranzug und dem gelben Helm auf dem Kopf kam uns entgegen um uns bzw. mich, den neuen Kollegen, zu empfangen.

„Du bist also der neue Kollege?", sprach der Dicke.

„Ich bin Herbert, dein Brigadier, und ich habe hier das Sagen auf der Baustelle".

Dass auf den Baustellen ein rauer, aber herzlicher Ton herrschen soll, wurde uns Lehrlingen während der Ausbildung schon mitgeteilt. Den rauen Ton bekam ich bereits zu spüren, doch der herzliche Ton kam etwas zu kurz.
Im Grunde hatte ich kein Problem damit, wie sich die Kollegen untereinander anschrien, jedoch hatte ich ein Problem mit Respektlosigkeit.

„Ich bin der Siegfried und dass du hier das Sagen hast habe ich mitbekommen".

„Das heißt Sie und nicht du", gab der Brigadier als Antwort zurück.
„Aber sicher doch Chef".
Mit einem Grinsen im Gesicht nahm ich mein Maurerwerkzeug und ging zu einem Blechschuppen, um mein Werkzeug abzulegen und mich auf meinen Arbeitstag vorzubereiten.

„Du wirst dich an die Regeln auf meiner Baustelle gewöhnen müssen, wenn du bei mir Fuß fassen möchtest!", rief mein Brigadier hinterher.

Dass ich meinen neuen Brigadier schon jetzt nicht leiden konnte, brachte ich mit einer abfälligen Handbewegung über die Schulter zum Ausdruck. Steffen, der Bauhelfer, kam mir in den Blechschuppen hinterher und tat so, als würde er etwas holen wollen.

„Mensch Siegfried, pass bloß auf, sonst macht der Dicke dich zur Minna, dann haste nichts mehr zu lachen".
Während Steffen leise zu mir sprach, kramte er in den Werkzeugregalen herum. *„Danke für deinen Ratschlag, Steffen, aber ich komme schon zurecht"*. Herbert, der Brigadier, stand plötzlich an der Tür vorm Blechschuppen.
„Was kramst du hier, Steffen, mach dass du den Mörtel fertig bekommst, die Maurer warten schon". *„Und du, Siegfried, lauf hier nicht gelangweilt herum"*. *Gehe in die zweite Etage zu den anderen und schnapp dir eine Wand, die schon angelegt ist"*.
„Zum Feierabend muss die hochgemauert sein, wir müssen morgen den Ringanker gießen, also bewege deinen Hintern".

Herbert verließ den Blechschuppen und ging zum Bauwagen, in dem die Maurer ihre Pausen einlegten. Ich nahm meinen Maurereimer und packte dort das Werkzeug hinein, welches ich zum Mauern benötigte. Mit meinem Eimer ging ich in die zweite Etage zu den anderen Kollegen, die bereits den ersten Mörtel in ihre Mörtelkisten bekamen und mit dem Mauern begonnen hatten.

„Welche Wand soll ich mir vornehmen?, fragte ich die Kollegen"

„Nimm die da drüben", sprach einer der Maurer.
„Die kannst du bis zum Feierabend schaffen, Herbert dreht sonst durch, wenn wir damit heute nicht fertig werden".

Langsam stieg die Sonne höher und es wurde immer wärmer. Ich zog meine Arbeitsjacke aus und begann mit dem Mauern. Während ich meine Arbeit verrichtete, bemerkte ich, dass mich die anderen Maurer beobachteten. Möglicherweise wollten sie nur sicher sein, ob ich alles richtig mache. Ohne mich weiter stören zu lassen, setzte ich einen Stein auf den anderen und meine Wand wuchs in die Höhe. Kurz vor dem Frühstück hatte ich meine Wand wie gelernt, mit einem vollfugigen Mauerwerk, bereits zur Hälfte hoch. Die anderen Maurer ließen sich nichts anmerken, doch den Neid konnten sie nicht verbergen und gaben deshalb schlaue Sprüche von sich.

„Mann, Neuer, mach mal nicht so schnell, du versaust uns noch die Norm".

Auf die Sprüche der anderen bin ich nicht eingegangen und ich machte meine Maurerkelle sauber, um in die Frühstückspause zu gehen.
Auch die anderen Kollegen bereiteten sich auf die Frühstückspause vor und wir gingen zum Bauwagen der Baustelle. Herbert der Chef saß schon drin und schlürfte seinen Kaffee. Dass ihm sein Brot schmeckte, war nicht zu überhören. Mit vollem Mund fragte er, wie weit wir mit unseren Wänden gekommen waren, wobei ihm etwas von seinem Essen aus dem Mund fiel.

„Es geht voran.",- antwortete einer der Maurer beiläufig.
„Mach dir keine Sorgen, Herbert, bis zum Feierabend sind wir fertig mit unseren Wänden".

Es war nicht zu übersehen, dass dem Brigadier etwas unter den Fingernägeln brannte und er etwas loswerden wollte.

„He Neuer, wir haben in unserer Brigade die Gewohnheit, dass neue Kollegen einen ausgeben, also spute dich und hol ne Kiste Bier aus dem Konsum!".

Die Art und Weise meines Brigadiers gefiel mir überhaupt nicht und es wurde notwendig, dem ein frühes Ende zu setzen.

„Das ist sehr schön für eure Gewohnheiten, aber erstens - heiße ich Siegfried und nicht Neuer und zweitens - wenn du saufen möchtest, musst du dir schon selbst was zum Trinken holen".

Meine Worte waren kaum ausgesprochen, als es plötzlich still wurde im Bauwagen. Ich setzte mich auf meinen Platz und wickelte mein Frühstücksbrot aus. Mit hochrotem Gesicht stand Herbert auf und stemmte sich mit seinen beiden fetten Fäusten auf den Tisch, an dem er saß.

„Wie kannst du es wagen, so mit mir zu reden, du Wicht?"
Unbeeindruckt von seinen Kraftausdrücken, tat ich das Gleiche wie Herbert, ich stand von meinem Platz auf und stützte mich mit beiden Fäusten auf den Tisch.

„Wenn du Respekt von mir erhalten möchtest, Herbert, dann solltest du deinen Ton mir gegenüber ändern, sonst lernst du mich von einer anderen Seite kennen, und da wir das nun hoffentlich geklärt haben, würde ich jetzt gerne meine Frühstückspause machen."

„Das wird für dich noch ein Nachspiel haben, Freundchen, das schwöre ich dir!"

Auch die letzten Worte von Herbert beeindruckten mich nicht und ich schenkte meinen Frühstücksbroten die volle Aufmerksamkeit. Während der gesamten Frühstückspause fiel kein Wort mehr und als die Pause beendet war, gingen alle wieder an ihre Arbeitsplätze. Der restliche Arbeitstag wurde von einer bedrückten Stimmung auf der gesamten Baustelle begleitet. Die Mittagssonne stand hoch am Himmel und die Gluthitze machte uns zusätzlich zu schaffen. Immer wieder mussten wir viel Wasser trinken und uns einen kurzen Augenblick in

den schattigen Räumen eine Etage tiefer abkühlen. Doch selbst im Schatten war die Hitze unerträglich geworden. Viele Pausen konnten wir zwischendurch nicht einlegen, da die Wände unbedingt fertig werden mussten.
In der Mittagspause suchte sich jeder ein schattiges Plätzchen und mir fiel auf, dass die meisten Kollegen irgendwie versuchten, dem Chef aus dem Weg zu gehen. Auf einem Steinstapel in der unteren Etage wickelte ich mein Pausenbrot aus und freute mich auf die Mittagspause. Weil alle Baumaschinen ausgeschaltet waren, genoss ich die Stille, die auf der Baustelle herrschte, und lehnte mich nach dem Essen an die kühle Hauswand, um für einen Augenblick die Augen zu schließen. Während ich so dahin döste, hörte ich, wie sich Schritte näherten und Herbert den Raum betrat, in dem ich meine Mittagspause verbrachte.

„Du wirst nicht lange in meiner Brigade bleiben, das verspreche ich dir".

Nachdem der Chef seinen Satz losgeworden war, verließ er den Raum wieder.

Die Sommerhitze flimmerte in der Luft und hinterließ den Anschein, als wäre es noch heißer geworden. Jeder von uns Maurern versuchte, so gut wie möglich nach der Mittagspause mit dem heißen Sommertag klar zu kommen und seine Wand bis zum Feierabend fertig zu bekommen. Kurz vor dem Feierabend beendete ich die mir aufgetragenen Arbeiten und die Kollegen schauten neidvoll auf meine fertiggestellte Wand.

Beim Saubermachen meines Arbeitsplatzes sah ich einen älteren Maurer, dem die Hitze besonders zu schaffen machte und der offensichtlich seine Wand bis zum Feierabend nicht fertig bekommen würde. Die anderen Maurer waren zwar auch noch nicht fertig, jedoch würden diese ihre Wände rechtzeitig zum Feierabend hochgemauert haben. Ich beeilte mich mit dem Saubermachen meines Arbeitsplatzes und nahm anschließend wieder meine Kelle in die Hand und half dem älteren Kollegen bei seiner Arbeit.

„Die letzten paar Reihen schaffen wir auch noch, Kollege!"

„Danke für deine Hilfe, Siegfried".

„Kein Problem, dafür sind doch die Kollegen da – oder?"

„Mann, du musst noch viel über die Zustände hier draußen lernen, Siegfried, helfende Kollegen gibt es keine mehr, denn jeder versucht für sich alleine, seine Arbeiten zu schaffen".

„Das ist schade", antwortete ich kurz zurück.
Nach einer knappen halben Stunde setzten wir die letzten Steine auf unsere Wand, während die anderen Kollegen ihr Werkzeug bereits gesäubert hatten und auf den Feierabend warteten.

„Komm, lass uns hier noch schnell klar Schiff machen und den Dreck wegräumen, alter Mann".
Mein Kollege wusste, dass ich nur Spaß machte als ich „alter Mann" zu ihm sagte. Lächelnd nahm er einen Besen in die Hand und fegte den Bauschutt und die Mörtel-

reste auf den Boden zusammen. Mit meiner Schaufel schippte ich das Zusammengekehrte in eine Schubkarre, um es anschließend nach unten transportieren zu lassen. Pünktlich zum Feierabend betrat Herbert, unser Chef, die zweite Etage, um zu kontrollieren, ob alles zu seiner Zufriedenheit fertig geworden war. Herbert sah, wie ich dem alten Maurer bei seinen letzten Handgriffen behilflich war.

„Na, wurde es wieder knapp mit der Zeit?" „Gewöhne dich lieber nicht an deine heutige Unterstützung, denn die wird es nicht lange geben".

Der dicke Chef trottete schnaufend weiter über die Etage und verschwand dann. Wir schnappten unser Werkzeug und brachten es in den Blechschuppen, in dem auch die Baumaschinen untergebracht waren. Erschöpft von der Arbeit und ausgebrannt vom heißen Sommertag, bestiegen wir den Barkas, um wieder nach Gardelegen in den Betrieb zu fahren. Die geöffneten Fenster im Barkas ließen nur heiße Luft einströmen und der Fahrtwind brachte auch keine Erfrischung. Die Insassen schauten mit starrem Blick aus dem Fenster des Wagens. Während die Besatzung des Wagens stumm den Heimatort herbeisehnte, blickte ich auf meinen ersten Arbeitstag nach der Lehrzeit zurück. Am frühen Morgen war ich noch guter Dinge und stellte mir diesen Tag anders vor.

Doch der erste Arbeitstag verlief anders. Nicht nur die Hitze hatte mir zu schaffen gemacht, sondern auch mein neuer Chef.

Eine ganze Woche noch musste ich die Willkür meines Brigadiers ertragen, bis die Erlösung kam. Am Freitag kurz vorm Feierabend kam der Bauleiter auf die Baustelle und teilte mir mit, dass ich in eine andere Brigade versetzt wurde.

„Am Montag fährst du mit einem anderen Auto nach Schwiesau, dort empfängt dich deine neue Truppe". „Am besten du packst gleich dein Werkzeug und deine Plünnen zusammen" – sprach der Bauleiter.

Wortlos, aber erleichtert tat ich, was mir aufgetragen wurde. Es kann ja nur besser werden, dachte ich mir.
Meine Freundin hatte mitbekommen, dass mit mir etwas nicht stimmte. Ich sagte ihr, dass alles in Ordnung sei und ich nur ein wenig bedrückt sei, weil die erste Arbeitswoche meiner „Herrenjahre" blöd gelaufen war. Das ganze Wochenende über versuchte ich, mich bei guter Laune zu halten und die schönen Sommertage zu genießen, doch so sehr ich mich auch anstrengte, es gelang mir einfach nicht.

Am Montag war es dann soweit, mit meiner kompletten Arbeitsausrüstung wurde ich nach Schwiesau zu meiner neuen Brigade gefahren. Auch Schwiesau war nur ein kleines Dorf mit einer übersichtlichen Anzahl von Einwohnern. Als wir die neue Baustelle erreichten, empfand ich diese als viel angenehmer als die Baustelle in Estedt. Zwar sollte auch hier ein neues Wohnhaus entstehen, jedoch würde dieses nur halb so groß werden wie das Objekt in Estedt.

Wir waren zeitig vor Ort gewesen und meine neuen Kollegen trafen erst wenige Momente später auf der Baustelle ein. Meine neue Truppe bestand aus drei Maurern, einem Hucker (Bauhelfer) und einem Vorarbeiter (Brigadier). Heinz, unser Vorarbeiter, war ein Mittdreißiger, ein sympathischer und aufrechtgehender Mann. Er lief so gerade, dass man hätte meinen können, er hätte einen Stock am Rücken. Um seinen Leuten morgens Beine zu machen, musste er manchmal einen raueren Ton anschlagen, aber der war eher herzlich und humorvoll, als gehässig gemeint. Mir fiel sofort der spannungslose Umgang unter den Kollegen auf, was ich als äußerst angenehm empfand.

Hermann war der Hucker der Truppe, das Mädchen für alles. Ein dünner, großer, drahtiger Mittvierziger, ein Mann mit einer ruhigen und ausgeglichenen Seele. Hermann besaß nur ein Manko, er trank zu viel Alkohol, das leider auch während der Arbeitszeit und heimlich dazu. Solange er sich nichts zu Schulden kommen ließ, sah Heinz, unser Chef, über das Laster von Hermann hinweg. Dann waren da noch die drei Maurer Detlef, Volker und Klaus.

Volker und Klaus waren so wie ich, gerade mit ihrer Ausbildung fertig geworden und der Brigade von Heinz zugeteilt worden. Detlef, ebenfalls ein robuster, drahtiger Mittzwanziger Lockenkopf, hatte die Stellung des stellvertretenden Brigadiers. Detlef war noch nicht ganz so schlimm wie Hermann dem Alkohol verfallen, dennoch trank er sehr gerne mal einen zu viel. Mit mir zusammen waren wir eine sechsköpfige Besatzung, die ich als sehr angenehm empfand.

Während in meiner ersten Truppe jeder seinen eigenen Weg ging, konnte ich hier die Hilfsbereitschaft erfahren, wie ich sie gewohnt war. Niemand versuchte, den anderen auszubooten und alle zogen an einem Strang. Ziel war es für alle, das Arbeitspensum zu schaffen und zwar gemeinsam. Ich fühlte mich von der ersten Minute an wohl in meiner neuen Truppe und konnte schnell Freundschaften mit den Kollegen schließen. Volker eckte zwar hin und wieder bei mir an und versuchte mich zu sticheln. Aber nach einem kurzen Dämpfer von mir, hörten auch bei ihm das Spiel und der Kampf um eine vermeintliche Machtposition auf. Volker wusste von diesem Augenblick an, dass er mir mit solchem Gebaren lieber aus den Weg gehen sollte und entschloss sich für eine freundlichere Variante der Zusammenarbeit.
Endlich fand ich meinen Platz in der Arbeitswelt der Erwachsenen und befreundete mich zusätzlich noch etwas enger mit meinem Kollegen Klaus. Der Sommer 1983 war sowieso ein schöner Sommer und mit meiner neuen Truppe fühlte ich mich richtig wohl. Ich empfand mein derzeitiges Leben mehr als befriedigend, was nicht besser hätte werden können.

Anfangs fuhr ich täglich mit dem Bus, von Gardelegen nach Schwiesau, zur Arbeit. Ich genoss die friedliche Stille der Morgenstunden, wenn ich im Bus saß, der über das Land und durch die teilweise kilometerweit auseinanderliegenden Dörfer fuhr. Doch so schön diese Momente waren und ich diese auch genossen hatte, gab es auch einen Nachteil. Der Bus fuhr in der Nähe vom Krankenhaus von Gardelegen ab und von meinem Vater in der Bahnhofstraße aus, musste ich noch ca. zwei Kilometer laufen. Hinzu kam, dass ich deswegen noch etwas früher aufstehen musste. Also kam ich zu dem Schluss, dass ich eine Alternative brauchte. Schon während meiner Lehrzeit bekam ich die Möglichkeit, eine Fahrerlaubnis für die unterschiedlichsten Fahrzeuge zu machen. Mein Ausbildungsbetrieb, der ZBO Landbau, bestand darauf, dass Mitarbeiter des Betriebes eine Fahrerlaubnis besitzen mussten für den Fall, dass wir Mitarbeiter Baumaschinen, Traktoren oder einen PKW der Firma fahren mussten. Die Fahrerlaubnis kostete damals 60 Mark und wurde von der GST (Gesellschaft für Sport und Technik), in Rahmen einer vormilitärischen Ausbildung, durchgeführt. So war es mir vergönnt, schon früh in den Besitz einer Fahrerlaubnis zu gelangen, mit der ich nicht nur ein Moped fahren, sondern auch ein Motorrad, ein PKW, einen LKW oder Traktor fahren durfte, um nur einiges zu nennen. Im Besitz einer solchen Fahrerlaubnis, kam mir der geniale Gedanke, meinen Vater zu fragen, ob ich sein Moped nutzen dürfte, um damit zur Arbeit zu fahren. Bei einem gemütlichen Abend mit meinem Vater bin ich auf das Thema Moped zu sprechen gekommen. Ich schilderte ihm meine Idee und fragte ihn was er davon halten würde. Mein Vater war schon eine Ewigkeit nicht mehr mit seiner zweisitzigen Java 20 gefahren, da er immer das Geld für das Benzin sparen wollte. Inzwischen gewöhnte sich mein Vater an den Fußmarsch zu seinem Betrieb so sehr, dass er das Moped nicht vermissen würde. Ich benötigte nicht viel Überredungskunst, um meinem Wunsch Nachdruck zu verleihen. Für 250 Mark würde mir mein Vater das Moped sogar ordnungsgemäß verkaufen und da ich das Geld besaß, nahm ich das Angebot an und noch am selben Tag war ich Besitzer eines eigenen Fahrzeuges.

Ich berichtete meine Freundin Doreen von meiner neuen Errungenschaft und teilte ihr gleichzeitig mit, dass ich das kommende Wochenende dafür bräuchte, um die Java 20, die schon längere Zeit und verstaubt im Keller meines Vaters herumstand, wieder flott zu machen. Meine Freundin hatte keine Ahnung um welches Modell von Moped es sich handelte, welches ich meinem Vater abkaufte. Mit einem alten 20 Liter Benzinkanister fuhr ich mit dem Fahrrad zur Tankstelle, um den entsprechenden Treibstoff zu kaufen. Aufgeregt und gespannt wie ein Flitzebogen, betankte ich die Java 20, um zu testen, ob das Moped anspringen würde. Einen Abend vorher hängte mein Vater noch die Batterie zum Laden an die Steckdose. Zusammen trugen wir mein erworbenes Fahrzeug aus dem Keller hinter das Haus in den Garten. Auch mein Vater war gespannt, ob sein altes Gefährt anspringen würde, und gab mir noch hilfreiche Tipps für den Startvorgang. Nach wenigen Trittversuchen auf den Kickstarter sprang das Moped an und wir freuten uns auf das knatternde Geräusch des Motors, der seit einer gefühlten Ewigkeit keine Laute mehr von sich gegeben hatte. Nachdem wir mit einem schnellen Erfolg überrascht wurden, beschäftigte ich mich damit, meinem Moped neuen Glanz zu verleihen und die notwendige Technik für die Sicherheit im Straßenverkehr wieder flott zu machen. Da stand sie nun – meine Java 20. Stolz darauf, ein eigenes Moped zu besitzen, konnte ich es kaum abwarten, meiner Freundin das Fahrzeug zu präsentieren und mit ihr damit durch die Gegend zu fahren. Nach ein paar Probefahrten im Garten und in der näheren Umgebung fuhr ich gleich am Montag das erste Mal mit meiner neuen Errungenschaft zur Arbeit, um die Alltagstauglichkeit der Java zu testen. Etwas mulmig war mir schon auf der Jungfernfahrt, sowohl das Moped als auch ich haben diese aber mit Bravour bestanden. Nach meinem Arbeitstag trat ich die Rückreise an und fuhr direkt zu meiner Freundin, um meine neue Errungenschaft vorzustellen. Anders als erwartet, war meine Freundin aber nicht so euphorisch gestimmt, als sie mein Moped im Augenschein nahm. Nie und nimmer würde sie auf dieses Ding aufsteigen und mit mir durch die Gegend gondeln. Natürlich war es nicht so ein modernes Moped wie die Java Mustang, welche viele andere Jugendliche besaßen, aber auch mit meiner Java 20 wären wir gut mobil unterwegs gewesen. Ich hatte mir meine Enttäuschung über ihre Meinung zu meinem Moped nicht ansehen lassen und sagte ihr, dass sie sich schon daran gewöhnen würde. Tatsächlich machte Doreen wochenlang einen großen Bogen um mein Fahrzeug, aber eines Tages tat sie mir den Gefallen, mitzufahren, wenn ich sie nicht gerade durch die Stadt kutschieren würde, wo sie von jedem gesehen werden konnte. Ich tat ihr den Gefallen und entschloss mich dazu, mit ihr die Landstraße zu bereisen, die zu meiner neuen Baustelle führte. Der Fahrtwind des warmen Spätsommers blies uns ins Gesicht und wir genossen die schöne Natur in der Umgebung unserer Heimatstadt. Wir waren kaum fünf Minuten von Gardelegen entfernt, als Doreen die ersten Worte von sich gab, wie schön es sei, so durch die schöne Natur zu fahren.

Wortlos schaute ich mich kurz mit einem Lächeln zu Doreen um und fuhr noch ein paar Kilometer durch die Gegend, um anschließend die Rückfahrt anzutreten. Als wir zu Hause ankamen und vom Moped abstiegen, sah ich im Gesicht meiner Freundin einen Ausdruck von Zufriedenheit.

Ich hatte es vermieden, unseren Ausflug zu kommentieren und beließ es bei der schönen Stimmung, die in diesem Augenblick herrschte. Von diesem Zeitpunkt an war nicht mehr nötig, Doreen zu fragen, ob sie mitfahren mochte, wenn es hieß, einen Ort der Begierde oder der Pflicht anzusteuern.

Der Herbst des Jahres 1983 rückte näher und bisher waren die Eltern von Doreen nicht bereit dazu, unsere Beziehung zu akzeptieren. Erst nach über einem Jahr wurde unsere Freundschaft zumindest toleriert. Es sollte noch einige Zeit vergehen, bis es Doreen gestattet war, mich in die elterliche Wohnung einzuladen. Nach vorsichtigen Annäherungsversuchen, gelang es uns schließlich, auch diese Hürde zu überspringen. Ausschließlich hielten wir uns im Zimmer von Doreen auf, welches den Status eines Durchgangszimmers zu den Gemächern ihrer älteren Geschwister Frank und Andreas besaß. Mittlerweile war ich 19 Jahre und Doreen 17 Jahre alt, doch Doreens Mutter konnte es sich nie verkneifen, einen Grund zu finden, um durch das Zimmer ihrer Tochter durchgehen zu müssen. Permanent wurden wir beobachtet und kontrolliert, um sicher gehen zu können, dass wir auch nichts Unmoralisches anstellen würden. Anfangs war die Kontrollsucht von Doreens Mutter etwas nervend, doch wir gewöhnten uns daran.

Es dauerte nicht lange, bis die Eltern von Doreen zu der Erkenntnis kommen mussten, dass ich nicht der schlechte Junge war, der in ihrer Phantasie herum spukte.
Schritt für Schritt näherte ich mich ihrer Familie an und zumindest ihre Mutter war mehr oder weniger bereit gewesen, mir etwas Vertrauen entgegen zu bringen. Den Vater von Doreen hielt ich für einen ignoranten Stiesel, der so viel mit seiner Selbstherrlichkeit zu tun hatte, dass er nicht einmal mitbekam, dass seine eigenen Kinder eher dazu neigten, ihn zu hassen statt zu lieben. Er war ein typischer Zeitgenosse der damaligen DDR, der in den Glauben verfiel, dass er auf Grund seiner Stellung als Stellvertreter des „Rates des Kreises Gardelegen", etwas Besseres sei als alle anderen Menschen. Diese Überheblichkeit ließ er nicht nur die Menschen, die ihm begegneten, spüren, sondern auch seine Kinder und seine eigene Frau. Die Mutter von Doreen war im Grunde eine herzliche Frau, die sich um alles kümmerte. Während der Vater mit seinem Auto gemütlich an seiner mit schweren Einkaufstaschen beladenen Frau vorbeifuhr und zu Hause mit der Zeitung in der Hand im Wohnzimmer auf den Kaffee wartete, schleppte die Mutter die Einkaufstaschen mit den Lebensmitteln nach Hause und bekam zur Strafe noch einen Anpfiff dafür, dass der Kaffeetisch noch nicht gedeckt war. Dem Vater kümmerte es nicht wirklich, was in der Familie passierte, solange er nur in Ruhe gelassen werden würde. Die Brüder von Doreen waren recht in Ordnung. Frank, der älteste Bruder, kam ein wenig nach seiner Mutter und Andreas, der zweitälteste Bruder, eher nach seinem Vater. Während Frank in seinem Wesen zwar etwas anstrengend sein konnte, hatte er aber sein

Herz am richtigen Fleck. Bei Andreas hingegen spürte ich, dass er sich den Hang zur Überheblichkeit vom Vater abgeschaut hatte und sich das Gefühl vermitteln wollte, etwas Besseres zu sein. Seine schulischen Leistungen waren zu bescheiden, als dass er es sich hätte leisten können, eine solche Einstellung an den Tag zu legen. Seinen Freundeskreis schien er aber im Griff zu haben und er genoss die Position, in der Gruppe der „Beliebteste" zu sein.

Doreen, meine Freundin, war das Nesthäkchen. Sie wurde, so wie ihre Mutter, rechtzeitig dazu verdonnert, die Hausarbeit zu erledigen, während ihre Brüder den „Jungenstatus" besaßen und gelegentlich sogar dafür entlohnt wurden, wenn sie mal den Mülleimer rausbrachten. Allem Anschein nach konnte in dieser Familie die patriarchalische Form der Familiengestaltung in den achtziger Jahren noch nicht abgelegt werden.

Alles in allem war die Familie von Doreen in ihrer politischen Einstellung eine Familie, die hundertprozentig hinter der Politik der damaligen SED stand. Ich selbst hatte kein Problem mit der politischen Einstellung ihrer Familie, denn ich bekam nie die Zeit und Gelegenheit dafür, mich intensiv damit zu beschäftigen. Ehrlich gesagt gab ich mir aber auch keine Mühe, eine politische Position zu beziehen, da ich aus anderen familiären Verhältnissen kam.

„Der Umgang prägt den Menschen, so sagt man zumindest".

Die Aufgabe von Doreens Vater in seiner Stellung als Stellvertreter des Rates des Kreises war unter anderem

die Rekrutierung neuer Militärkader. Es konnte natürlich nicht sein, dass er nur die jungen Bürger außerhalb seiner Familie zu verpflichten versuchte, wobei er bei seinen eigenen Söhnen in der Überzeugungsarbeit nachlässig wäre. Und so tat er, was auch nicht anders hätte sein können, was getan werden musste. Er schnappte sich seinen ältesten Sohn Frank und leistete Überzeugungsarbeit, wie sie im Bilderbuch stand. Der Vater versprach den Erhalt von finanziellen Vorteilen, die sein Sohn bekäme wenn er 25 Jahre zur Armee gehen würde, und von einer angesehenen Stellung in der Gesellschaft der DDR. Der Vater selbst hatte nur für sehr kurze Zeit am militärischen Dienst teilgenommen und wurde wegen eines Unfalls frühzeitig aus seiner Verpflichtung entlassen. Nach anfänglichen Schwierigkeiten bei der Überzeugungsarbeit des Vaters war er letztendlich erfolgreich. Sein Sohn Frank verpflichtete sich für 25 Jahre zum Dienst als Offizier der NVA. Als die Zeit nahte, seinen Sohn Andreas für den Militärdienst zu begeistern, war eine Überzeugungsarbeit nicht mehr notwendig. Von selbst entschied sich sein zweiter Sohn, sich für 25 Jahre als Offizier bei einem Panzerbataillon zu verpflichten.
Während die Brüder meiner Freundin den militärischen Dienst bereits angetreten hatten, nutzte ich mit ihr die ruhige Zeit, die vor uns lag und genoss mein Leben in vollen Zügen. Der Besuch einer Disco an den Wochenenden mit meinen besten Kumpels und Arbeitskollegen wurde ebenso zum Standard wie die freie Zeit, die ich mit meiner Freundin Doreen verbrachte. Doreen und ich hingen wie Pech und Schwefel zusammen und wir wurden als ein „altes Ehepaar" bezeichnet, weil es nichts gab,

was einer alleine von uns hätte tun wollen. Sogar einen Sommerurlaub am Arendsee in der Altmark mussten ihre Eltern mit uns zusammen verbringen, weil wir unzertrennlich waren. Es war eine unglaublich schöne und erfahrungsreiche Zeit, bis sich eines Tages wieder eine neue und gravierende Änderung in meinem Leben ergeben sollte.

Militärdienst

Am 05.11.1985 trat ich den Dienst als Berufsunteroffizier bei der NVA an. Etwa ein halbes Jahr vor meiner Einberufung zur Armee führte der Vater meiner Freundin auch ein Gespräch bezüglich einer militärischen Laufbahn bei der NVA mit mir. Schon längere Zeit vorher erwarb ich das vollständige Vertrauen von Doreens Eltern und ging fast wie ein Familienmitglied in ihrer Wohnung ein und aus. Ich half ihnen beim Bau ihrer Gartenlaube, bei etwaigen Reparaturarbeiten in der Wohnung oder bei dem, was im Alltag an Arbeiten so anlag. Gelegentlich kam ich in den Genuss, Doreens Vater bei der Reparatur seines Autos zuzusehen. Es gab immer etwas am Auto herumzubasteln, um den geliebten PKW etwas schöner zu gestalten. Zu DDR-Zeiten waren wir sehr erfinderisch, wenn es darum ging, unsere Fahrzeuge etwas aufzumotzen. Chromteile waren die Renner für die Fahrzeugwelt, während es keine Rolle spielte, ob die Teile für das Auto, das Motorrad oder das Fahrrad benötigt wurden. Selbst Chromteile, die völlig unspezifisch für ein Fahrzeug waren, wurden so geformt, dass diese irgendwie an das Fahrzeug passten und es schöner aussehen ließen. Den fantastischen Ideen vieler Bastler waren keine Grenzen gesetzt. Im Sommer, kurz vor meiner Einberufung zur NVA im November 1985, entschlossen sich die Eltern von Doreen, ihren schönen Moskvich 408 gegen einen Trabant 601 eintauschen zu wollen. Ihr Moskvich sah zwar tadellos aus, jedoch war er schon in die Jahre gekommen, und sie wollten sich ein jüngeres und moderneres Auto zulegen. Es dauerte auch nicht lange und der neue bzw. gebrauchte Trabant stand vor der Garage und wurde fleißig so hergerichtet, dass er den Vorstellungen von Doreens Vater entsprach. Während der Trabant in der Garage seinen neuen Platz fand, stand der Moskvich davor und bekam nur noch Beachtung als er für den Verkauf vorbereitet wurde. Irgendwie tat mir der Moskvich leid und ich kam auf die Idee, das Auto dem Vater von Doreen abzukaufen. Das Auto war technisch in einem sehr guten Zustand und sollte noch 1800 Mark einbringen. An einem Sonntagnachmittag beim gemeinsamen Kaffeetrinken kam ich auf den Verkauf des Autos zu sprechen. Behutsam versuchte ich meine Idee zu erläutern, dass ich den Moskvich gerne kaufen würde. Ich besaß zwar keine 1800 Mark auf einen Schlag, jedoch hatte ich etwas Geld angespart und mit einer kleinen Anzahlung würde ich das Auto bis zu meiner Einberufung zur Armee im November in Raten abbezahlt haben. Doreens Eltern waren von meiner Idee etwas überrascht, trotzdem bekam ich unerwartet zur Antwort, dass sie über meinen Vorschlag nachdenken müssten. Am gleichen Abend noch hörte ich, wie sich Doreens Eltern im Wohnzimmer darüber unterhielten, ob sie auf meinem Vorschlag eingehen wollten.

Das Gespräch dauerte nicht lange und Doreens Mutter bat mich, zu ihnen in das Wohnzimmer zu kommen.

„Wir haben über deinen Vorschlag nachgedacht, Siegfried, und wir sind zu dem Entschluss gekommen, dass wir dir das Auto so wie du es vorgeschlagen hast, verkaufen möchten".

Nach dem Abendessen setzten wir uns im Wohnzimmer zusammen und besprachen den Kaufvertrag. Bevor ich jedoch den Moskvich übernehmen könnte, wollte Doreens Vater das Auto noch einmal inspizieren und auf Vordermann bringen, denn schließlich wollte er ja ein verkehrstüchtiges und sicheres Fahrzeug übergeben. So nahm sich Doreens Vater noch eine Woche Zeit, den Moskvich aufzuarbeiten, nach dem er seine Arbeiten am Trabant beendet hatte. Mein zukünftiges Auto wurde noch einmal richtig durchgeschaut, der Lack poliert und der Innenraum gesäubert. Aufgeregt schaute ich zu wie mein Auto hergerichtet wurde und konnte die Übergabe kaum noch erwarten.

Am Sonntag eine Woche später war es dann soweit.

Mit meinen zarten 20 Jahren besaß ich nun ein Auto. Es war nicht üblich in der DDR, sich in so jungen Jahren ein eigenes Auto leisten zu können. Genau genommen konnte ich es mir auch nicht leisten doch ich hatte das Glück, ein solches „Privileg" erleben zu dürfen. Meine gut bezahlte Arbeit als Baufacharbeiter und der zusätzliche Verdienst durch meine Arbeiten am Wochenende auf den Baustellen von Bekannten, machten dieses Vergnügen möglich.

Doreens Vater erklärte mir noch schnell die Funktionen einzelner Schalter und Hebel, bevor ich mich in mein frisch erworbenes Auto setzte und eine Probefahrt um die Neubaublöcke startete. Doreen wollte die Probefahrt um keinen Preis verpassen und stieg ebenfalls in das Auto ein. Es dauerte nur wenige Minuten, bis ich das Fahrverhalten des Wagens und die gewöhnungsbedürftige Lenkradschaltung beherrschte.

Den Rest des Sonntages verbrachten wir damit, Ausflugsziele zu finden, die wir mit dem Auto ansteuern könnten. Es war eine völlig neue Erfahrung und ein unglaublich schönes Gefühl, einen PKW zu besitzen, von der neuen Mobilität, die ich nun besaß, ganz zu schweigen. Von nun an waren wir nicht mehr vom Wetter abhängig und konnten auch an weniger schönen Tagen etwas unternehmen, ohne nass zu werden.

Den letzten Sommer vor meiner Einberufung zur Armee nutzten wir dazu, mit dem Auto und alleine, einen Urlaub am Arendsee in der Altmark zu machen. Es war das erste Mal überhaupt, dass wir ohne Doreens Eltern einen eigenständigen Urlaub antraten. Im März 1985 wurde meine Freundin 18 Jahre alt und somit nutzten wir als erwachsene Menschen unsere neue Freiheit. Auch meine Arbeitskollegen schauten nicht schlecht, als ich mit einem Auto zur Arbeit kam. Mein Moskvich war kein moderner PKW wie der Wartburg, Trabant oder Skoda, aber er wurde trotzdem genau gemustert und bestaunt. Es war ein entspanntes Gefühl zu wissen, sich um das Wetter keine Sorgen machen zu müssen, als wäre man mit dem Moped unterwegs. Jedes Wochenende wurde das Auto gewaschen und geputzt, dass es immer glänzte.

Bis zum November zu meiner Einberufung in die NVA waren noch ein paar Monate Zeit. Es mussten entsprechende Vorbereitungen wie die Musterung durch das Wehrbereichskommando Gardelegen, eine Gesundheitsuntersuchung und die Abmeldung in meinem Betrieb, dem ZBO Landbau, vorgenommen werden.

Die NVA der DDR war nicht unbedingt eine angesehene „Organisation", und so erzählte ich meinen Kollegen nichts von meinem Vorhaben, zum Militär zu gehen. Ein Großteil der Bevölkerung besaß eher eine ablehnende bzw. negative Haltung zur NVA und war nicht gut auf sie zu sprechen. Ich hingegen bekam mit der Familie meiner Freundin eine politische Neuorientierung und entschloss mich dazu, meinem Vaterland dienen zu wollen. Sicher war auch ich mit einigen Unzulänglichkeiten unseres Staates nicht immer einverstanden, dennoch vertrat ich nunmehr die Einstellung, meinen Teil beitragen zu müssen, dass diese Unzulänglichkeiten abgeschafft werden könnten.
Als meine eigene Familie davon Wind bekam, stellte sie sich komplett gegen mich und sie betitelten mich sogar als Verräter. Es kümmerte mich nicht, was meine Familie über mich dachte, jedoch war ich etwas verwundert über die Reaktion meiner Familie, da ich nicht erkennen konnte, was jetzt anders war als zuvor. Die Sanktionen meiner Familie änderten nichts an der Tatsache, dass für mich in Kürze ein neuer Lebensabschnitt beginnen sollte.

Nun war es soweit, alle nötigen Vorbereitungen waren getroffen und der 05.11.1985 zeigte sich in seiner realsten Form. Unumstößlich war der Einberufungstag gegenwärtig geworden und ein flaues Gefühl von Traurigkeit beschlich mich. Während die Reisetasche bereits gepackt im Flur stand und ich nochmals alle wichtigen Dokumente auf Vollständigkeit überprüfte, wechselten wir nur wenige Worte während eines kurzen Frühstücks miteinander. Zuvor machte ich mir nur wenige Gedanken um den sich nähernden Tag. Nachlässig in meiner seelischen und moralischen Vorbereitung auf den unvermeidlichen Tag, empfand ich jetzt die in mir aufsteigenden Gefühle viel intensiver. Am frühen Morgen der Einberufung - ein Tag der ohnehin zu kalt war, verabschiedete ich mich von meiner Freundin mit der Bitte, mich nicht zum Bahnhof zu begleiten und tat so, als wäre alles in Ordnung. Im ungewissen darüber, wann wir uns das nächste Mal wiedersehen würden, verließ ich die Wohnung, in der wir uns zuvor täglich trafen. Doreen schaute aus dem Küchenfenster und winkte mir solange nach, bis wir uns nicht mehr sehen konnten. Während meines Fußmarsches zum Bahnhof versuchte ich, so wenig wie möglich an meine Freundin zu denken, um die traurige Stimmung in mir nicht aufwallen zu lassen. Der Bahnhof von Gardelegen war an diesem Morgen zahlreich besucht. Die Gewissheit, dass noch andere junge Männer auf den Bahnhof ihren Dienst in der NVA antreten würden, lenkte mich von meiner trübseligen Stimmung etwas ab. Im kalten Bahnhofsgebäude stellte ich mich in die Reihe vor dem Fahrkartenschalter an, um mir eine Fahrkarte nach Bad Düben zu kaufen. Im Besitz der Fahrkarte, kam mir ein Gespräch im Wehrbereichskommando in Erinnerung. Während des Gespräches hieß es, dass ich als Berufssoldat die Möglichkeit bekäme, in Wohnortnähe meinen Dienst bei der NVA in der „Letzlinger Heide" zu absolvieren. Doch kurz nach meiner Verpflichtung stellte sich heraus, dass ich für meine Vorausbildung zum Berufssoldaten an einen anderen Standort versetzt werden musste. Vielleicht war es das Wissen darum, weiter weg von zu Hause stationiert, und die Verärgerung darüber, getäuscht worden zu sein, dass ich mich in trauriger Stimmungslage befand.

Mit wenigen Minuten Verspätung setzte sich der Zug in Bewegung. An einem Fensterplatz versuchte ich gedankenlos die im Morgengrauen vorbeiziehende Natur zu betrachten. Während der Zug durch zahlreiche Bahnhöfe fuhr, machten mich die monotonen, ratternden Geräusche von den Gleisen etwas müde und ich versuchte, noch etwas zu schlafen. Es war eine relativ lange Zugfahrt und nachdem ich in Stendal einmal umsteigen musste, fuhr der Zug anschließend bis Leipzig durch, wo ich ein letztes Mal in Richtung Bad Düben den Zug wechselte. In Bad Düben befand sich die Unteroffiziersschule für Unteroffiziere, Berufsunteroffiziere und Fähnriche, die für den Dienst bei den Luftstreitkräften einberufen wurden. Schon auf der Straße, die direkt zum Kasernengelände führte, herrschte reger Fußgängerverkehr durch Angehörige der NVA und motorisierter Verkehr von Militärfahrzeugen unterschiedlichster Art. Viele junge Männer und Frauen, die heute den Wehrdienst antraten, liefen die Straße entlang, die zur Kaserne führte. Umso näher man der Unteroffiziersschule kam, umso mehr zeigte sich das Militärgelände in seiner vollen Größe. Ein Verlaufen zur Kaserne war praktisch unmöglich, denn die Richtung, in der es ging, war klar vorgegeben und man wurde automatisch mitgezogen. Dort angekommen, stand ich fast hilflos vor dem großen Tor der Kaserne, in einer unendlichen Schlange von Rekruten und versuchte mit meinen suchenden Blicken zu erhaschen, wie ich mich zu verhalten hätte, wenn ich an der Reihe war.

Ich wusste, es würde noch eine Weile dauern, bis ich dran wäre, sicherheitshalber fing ich trotzdem damit an, meinen Einberufungsbefehl zu suchen, obwohl ich mir sicher war, wo ich diesen verstaut hatte. Je mehr sich die Menschenschlange vor mir abbaute, umso aufgeregter wurde ich. Als hätte es jemals ein Zurück gegeben, dachte ich mir – jetzt gibt es kein Zurück mehr.

Meine aufgeputschte Aufregung war völlig unbegründet, denn bis auf den Abgleich meines Einberufungsbescheides mit meiner Person, verlief die Abfertigung am Kasernentor unspektakulär. Dem Hinweis des Kontrolleurs folgend, mich entsprechend den Wegmarkierungen in der Sporthalle der Kaserne einzufinden, ging ich einfach denen nach, die bereits vor mir waren und denselben Weg einschlugen. Nach einer Wegstrecke von ungefähr 100 Metern, die von beiden Seiten durch Absperrbänder abgegrenzt und von Soldaten bewacht wurde, betrat ich die große Sporthalle der Kaserne. Am Halleneingang wurde ich ein zweites Mal kontrolliert und einer bestimmten Personengruppe zugeordnet. Weil es mir nicht anders ging als den anderen Neulingen, gesellte ich mich in stummer Form dazu. Viele junge Rekruten betraten die Sporthalle und trotz riesiger Menschenansammlung herrschte eine unglaubliche Stille im Raum. Niemand wagte es, ein Wort zu sagen, um nicht zu überhören, wenn er aufgerufen würde.

Es vergingen einige Stunden, ehe der Strom der Aufnahme abbrach und die ersten Neuankömmlinge aufgefordert wurden, ihren neuen Vorgesetzten zu folgen.

Für die Zugfahrt nach Bad Düben hatte ich mir zwar ein Verpflegungspaket mit Broten vorbereitet, jedoch fehlte mir der entsprechende Appetit, um auf diese Brote zurückzugreifen. Die Mittagszeit war schon weit überschritten und die Aufregung tat ihr übriges dazu, das Essen zu vergessen oder zu einem günstigeren Zeitpunkt zu verschieben. Leider kam der erwartete Zeitpunkt nicht mehr und ein unerträgliches Hungergefühl überfiel mich. Der Durst plagte noch zusätzlich, weil ich das Trinken ebenfalls vergessen und verschoben hatte. Ich bemerkte, wie mir etwas schwindlig wurde und ich an den Händen zu zittern begann. Langsam wurde die Sporthalle leerer und ich hoffte, einer der nächsten zu sein, der bald aufgerufen werden würde, um einer Mahlzeit etwas näher zu kommen. Wartend saß ich auf meinem Stuhl und musste zusehen, wie sich die Halle langsam leerte. Mit meinem Hunger ringend, wurde auch ich endlich aufgefordert, einem Unteroffizier zu folgen, der mich und noch eine Handvoll anderer Neulinge zu den für uns vorgesehenen Unterkünften brachte. Unser Weg führte an einem riesigen Exerzierplatz vorbei zu einem vierstöckigen Gebäude. Die Flure des Gebäudes waren hell erleuchtet, da der späte Nachmittag bereits zu dämmern begann. Der Unteroffizier, dem wir folgen sollten, lief mit uns einen langen Flur entlang, an dessen Wände viele Bilder, Plakate und Dienstanweisungen für die einzelnen Kompanien hingen. Beim Durchqueren des Flures wurden wir aufgefordert, die uns zugewiesene Unterkunft nicht zu verlassen, bis neue Anweisungen folgen würden. Sollten wir auf die Toilette müssen, sollten wir uns damit beeilen. Zum Glück befand sich das WC gegenüber unserer Unterkunft und ich nutzte die Gelegenheit, meinen Durst mit dem Wasser aus der Leitung zu

stillen. Der Hunger war zwar immer noch nicht gestillt, aber mir ging es etwas besser. Nach meiner Rückkehr in die Unterkunft realisierte ich erst die Größe des Raumes. Drei Doppelstockbetten, die dazugehörigen Spinde und ein Tisch mit vier Stühlen inmitten Unterkunft, ließen den Raum sehr eng wirken. Jeder von den Zimmerkameraden belegte ein Bett, das sich ihm anbot und wartete auf die nächsten Anweisungen, die nicht lange auf sich warten ließen. Eine Lautsprecherdurchsage auf dem Kompanieflur, dass sich alle auf dem Flur einfinden sollen, ließ uns aufschrecken. Den neuen Anweisungen entsprechend, bewegten wir uns schnell nach draußen. Die diensthabenden Unteroffiziere der Kompanie liefen durch alle Unterkünfte und kontrollierten, ob auch alle die Räume verlassen hatten. Vorerst gab es noch ein leichtes Durcheinander, doch das sollte sich bald ändern.
Der nette und bittende Ton unserer Eltern oder der zivilen Gesellschaft wurde hier abgeschafft. An den rauen Befehlston unserer zukünftigen Vorgesetzten sollten wir uns alle noch gewöhnen müssen. Nachdem sich alle auf dem Flur eingefunden hatten, trat der Kompaniechef auf den Plan und gab klare Anweisungen dazu, was als nächstes passieren würde. Die diensthabenden Unteroffiziere bekamen die Befehle, die Anweisungen des Kompaniechefs auszuführen. Als nächstes wurden wieder aufgefordert, unsere Unterkünfte aufzusuchen und unsere persönlichen Sachen und Gegenstände in die Schränke zu legen. Anschließend gingen die Gruppenführer mit ihren Gruppen zur Wäschekammer der Kompanie, in der jeder Soldat seine Uniform, Bettwäsche, zusätzliche Kleidung und die notwendige Ausrüstung in Empfang

nahm. Bepackt mit einem Berg von Wäsche und anderem Zeug, führte unser Weg zurück in die Unterkünfte. Den Haufen, den wir in den Händen hielten, legten wir auf den Betten ab und versuchten schon mal einen groben Überblick von dem zu bekommen, was uns in die Hände gedrückt worden war.
Beim Betrachten meiner Uniform fiel mir auf, dass diese etwas anders aussah als die Uniform der Anderen. Der Stoff meiner Uniform war glatter und eleganter als der filzige Uniformstoff meiner Kameraden. Ich hatte mich nie mit meiner zukünftigen Uniformart beschäftigt und war der Meinung, dass hier ein Versehen vorliegen müsse. Die Lösung zu meiner Verwirrung folgte nur wenig später, als unser Gruppenführer unsere Unterkunft betrat.

„So, dann wollen wir mal die ersten wichtigen Regeln besprechen".
„Zunächst gibt der Stubenälteste das Kommando - Achtung - wenn ein Vorgesetzter die Stube betritt".

Langsam und prüfend musterte der Gruppenführer jeden einzelnen Kameraden im Raum, wobei sein Blick auf meiner Uniform verharrte.

„Aha, wir haben einen Berufsunteroffiziersschüler unter uns, womit das Thema - Stubenältester - geklärt wäre".

„Wie lautet Ihr Name, Genosse"?

„Mein Name ist Siegfried Meyer" - gab ich zur Antwort.

„Das muss heißen - mein Name ist Unteroffiziersschüler Meyer - Genosse Unteroffizier".
„Zukünftig werden alle Anweisungen mit - zu Befehl Genosse und dem Dienstgrad – beantwortet, haben Sie das verstanden, Genossen Unteroffiziersschüler".

Wie aus der Pistole geschossen, kam prompt die Antwort der Stubenkameraden.

„Zu Befehl Genosse Unteroffizier".

Sichtlich erfreut über die ersten Erfolge seiner Erziehungsarbeit, demonstrierte unser Gruppenführer anschließend, wie unsere Spinde und Betten nach militärischen Vorschriften auszusehen haben, wenn diese ordnungsgemäß hergerichtet wurden. Die Freude des Kameraden, dass sein Demo-Spind und Demo-Bett fertig eingerichtet waren, hielt nicht lange an. Der Gruppenführer ließ es sich nehmen, seine anschauliche Demonstration wieder zu zerstören und stellte den Ausgangspunkt wieder her.
Mit der Ankündigung, er würde in etwa 30 Minuten wieder zurück sein, um zu kontrollieren, wie weit wir mit dem Einräumen der Spinde und dem Bettenmachen vorangeschritten seien, verließ er unsere Unterkunft. Ohne zu zögern oder ein Wort zu verlieren, setzte sich die Belegschaft unseres Zimmers in Bewegung, um den Anweisungen des Unteroffiziers nachzukommen. An den Gesichtern einzelner Zimmergenossen war abzulesen, dass von ihnen selbst noch nie ein Bett gemacht, geschweige ein Wäschestück in einen Schrank einge-

räumt wurde. Immer wieder versuchten hilfesuchende Blicke der Kameraden unterstützende Hinweise einzufangen, um des eigenen Wirrwarrs Herr zu werden. Mir war schon etwas peinlich, dass ich keine 10 Minuten benötigte, um meinen Spind einzuräumen und mein Bett zu machen. Beim Bettbauen war ich mir fast sicher, dass es den Vorstellungen des Gruppenführers entsprechen könnte. Beim Einräumen des Spinds war ich mir nicht ganz sicher, zumindest in dem Gesichtspunkt, ob sich alles am richtigen Platz befindet. Um mit meiner frühzeitigen Aufgabenbewältigung nicht allzu sehr bei den Kameraden aufzufallen, tat ich so, als wäre ich mit der Positionierung einzelner Wäschestücke im Schrank noch nicht ganz zufrieden, und nahm diese wieder heraus, um sie anschließend wieder an derselben Stelle abzulegen. Für meine Zimmergenossen musste es so ausgesehen haben, als würden die vorgegebenen 30 Minuten zu schnell vorbeigegangen sein, wobei sie mir fast wie eine Ewigkeit vorkamen, als plötzlich der Gruppenführer wieder im Zimmer stand.

„Na Genossen Unteroffiziersschüler, wie weit sind wir denn mit der Durchführung meiner Anweisungen vorangekommen"?

Mit einem leichten Grinsen im Gesicht drehte sich der Gruppenführer zu mir um und schien auf etwas zu warten. Gerademal ein Bruchteil einer Sekunde hatte ich benötigt, um festzustellen, auf was er gewartet hatte. Mit einem hörbaren – *Achtung* – Ruf, kündigte ich den anwesenden Unteroffizier in unserer Unterkunft an.

Die anwesenden Zimmergenossen stellten sich ungeschickt vor ihren Schränken auf, wobei in ihren Gesichtern die Unzufriedenheit über die Ergebnisse ihrer Arbeit geschrieben stand. Der eingetretene Unteroffizier zögerte nicht lange, um mit seiner Kontrolle der Schränke und Betten zu beginnen. Da sich das erste Doppelstockbett gleich links neben der Zimmertür befand, welches einem Kameraden und mir gehörte, begann er gleich dort mit seinem Rundgang. Mit leicht auseinandergestellten Beinen sowie auf dem Rücken verschränkte Armen, stellte sich der Gruppenführer mit stirnrunzelndem Gesicht und prüfenden Blick vor unsere Schränke.

„Wessen Schrank und Bett ist das hier, Genossen Unteroffiziersschüler"?

Dem Blick des Gruppenführers folgend, wusste mein Stubenkamerad sofort, dass er gemeint war.

„Das ist mein Schrank und Bett, Genosse Unteroffizier".

„Fällt Ihnen im Vergleich mit dem Schrank und dem Bett vom Unteroffiziersschüler Meyer etwas auf?"

„Ja, Genosse Unteroffizier!"
„Dann wissen Sie, was Sie zu tun haben, Genosse Unteroffiziersschüler".

Ohne meinem Schrank und meinem Bett weitere Beachtung zu schenken, führte der Gruppenführer seinen Kontrollgang bei den anderen Kameraden fort.

Auch hier gab der Gruppenführer seine Unzufriedenheit kund und verglich zu meiner Verlegenheit, seine Kontrollergebnisse mit meinem Schrank- und Bettenbau. Ich hätte schwören können, dass mich meine Kameraden das Vergleichsverfahren des Gruppenführers spüren lassen würden, sowie er das Zimmer verlassen hatte. Zu meinem Erstaunen kam es anders. Nachdem der Unteroffizier weitere 30 Minuten für die Mängelbeseitigung vergeben und die Unterkunft verlassen hatte, wurde ich von meinen Zimmerkameraden gebeten, ob ich ihnen bei der Mängelbeseitigung behilflich sein könnte. Ich ließ mir meine Verlegenheit über die überaschenden Hilferufe meiner Kameraden nicht anmerken, und während ich ihnen vorzeigte, wie ich mein Bett gemacht hatte und meinen Spind einräumte, verfolgten sie genauestens meine Handgriffe. Nach kleineren Startschwierigkeiten sah das Ergebnis, zumindest aus unserer Sicht, ganz passabel aus.

Wieder vergingen die 30 Minuten wie im Fluge und der Gruppenführer ließ nicht lange auf sich warten, um seiner Daseinsberechtigung Genüge zu tun. Dieses Mal war ich vorbereitet, und gab ein lautes -Achtung- von mir, als der Gruppenführer die Unterkunft betrat. Anscheinend hatte der Unteroffizier mit seiner Ankündigung durch den Stubenältesten nicht gerechnet, denn ihm war leichte Verwunderung anzusehen. Die Tür hinter sich schließend, schaute er nur kurz, mit kontrollierendem Blick in die Runde, als hätte er geahnt, was er vorfinden würde. Es verging nur ein kurzer Augenblick, bevor der Unteroffizier nach seinem Eintreten in unsere Unterkunft seine nächsten Anweisungen gab, ohne weitere Kontrollmaßnahmen durchführen zu wollen. Der lange und scheinbar nicht endende Tag ließen meinen Hunger und die hinzugekommene Müdigkeit vergessen. Es war bereits Abend und mit einer Mahlzeit wie zum Beispiel einem Abendessen hatte ich nicht mehr gerechnet. In meinem Bauch verspürte ich nur einen krampfenden Magen und meinen Kameraden würde es sicher nicht anders ergehen. Geduldig standen wir in unserem Zimmer vor den Schränken, wartend darauf, wie die kommenden Anweisungen des Gruppenführers lauten könnten, wenn er das Zimmer wieder verlässt.

„Antreten zum Abendessen in 10 Minuten vor der Unterkunft und das Besteck ist am Mann!

Ich glaube meinen Ohren nicht zu trauen, als ich die Worte des Unteroffiziers vernahm. Die Tür war noch nicht ins Schloss gefallen, als der Gruppenführer das Zimmer verließ, da fingen die ersten damit an, ihr Besteck zu suchen. Das war zwar der Moment, auf dem ich schon lange gewartet hatte, doch irgendwie gewann die Müdigkeit über den Hunger die Oberhand. Während sich die Zimmergenossen über das Abendessen freuten und unterhielten, befand ich mich in einem gefühllosen Stimmungstief. Aus einem Fach meines Spinds nahm ich mein Besteck heraus, und stellte mich wie angewiesen zu den anderen auf den Kompanieflur. Aus den benachbarten Räumen traten ebenfalls die ersten Mitstreiter aus ihren Zimmern und auch ihnen waren die Strapazen des Tages anzusehen. Die Gruppenführer bemühten sich zwar, eine gewisse militärische Ordnung in den Haufen zu bekommen, doch der Marsch zur Kantine gelang mehr schlecht als recht. Das Abendessen stillte zwar meinen Hunger, aber nicht das unwohle Gefühl, das der Tag noch längst nicht zu Ende wäre. Bevor wir nach dem Abendessen unsere Unterkünfte wieder betreten durften, wurden auf dem Kompanieflur alle Unteroffiziersschüler angewiesen, ihre zivile Kleidung und die persönlichen Sachen, in die auf der Unterkunft bereitgestellten Päckchen zu legen und diese für den Versand mit der Post entsprechend zu beschriften.

Mit dieser Anweisung wurde mir aufs Neue bewusst, dass ich mich von meinem bisherigen Leben verabschiedet hatte. Auf der Unterkunft begannen die Kameraden und ich, in gedrückter Stimmung mit dem Zusammenpacken unserer Päckchen, die wir nach Hause schicken mussten. Jeder von uns verarbeitete auf seine Art die Verabschiedung vom Zivilleben. Bis auf wenige Gegenstände, wie zum Beispiel ein Foto, wurden alle persönlichen Sachen in das Päckchen verstaut und mit der Anschrift der Heimatadresse versehen. Viel Zeit für melancholische Zeremonien blieb uns nicht, denn die Gruppenführer der Kompanie machten zusätzlich Druck, um die langersehnte Nachtruhe einläuten lassen zu können. Nachdem die Päckchen aller Unteroffiziersschüler für den Transport nach Hause in einem separaten Raum verschlossen wurden, hieß es endlich, die Nachtruhe vorzubereiten. Stubenweise bewaffneten sich die Neuankömmlinge mit ihrem Waschzeug und gingen in den Waschraum, um sich für die erste Übernachtung in der Kaserne vorzubereiten. Es war bereits nach 22 Uhr, bevor wir uns mit der Ankündigung des sogenannten „Zapfenstreiches" in die Koje legen durften. Die karierte Bettwäsche war genauso gewöhnungsbedürftig wie das Bettzeug. Das Kissen war klein und flach, und die Bettdecke zu kurz, um länger als 180 cm sein zu dürfen. Doch nach diesem Tag war mir egal, in was für einer Bettdecke ich meine Nachtruhe verbringen würde. Wir lagen bereits im Bett, als unser Gruppenführer ein letztes Mal am heutigen Tag das Zimmer betrat, um allen mitzuteilen, dass das Wecken um 6 Uhr morgens stattfinden wird. Bevor wir die Chance bekamen, aus den Betten zu springen, um uns aufzustellen, hatte der Gruppenführer schon mit einem „Gute Nacht" das Zimmer wieder verlassen. Mein Kamerad unter mir schaltete das Licht aus und durch die dicken schwarzen Vorhänge vorm Fenster hüllte sich der Raum in Dunkelheit. Mit verschränkten Armen hinter dem Kopf, starrte ich an die Decke des Raumes und dachte an meine Freundin. Mit den Gedanken, wie es ihr jetzt wohl ergehen würde, schlief ich tief und fest ein.

Ein dumpfer Ton des Signalhorns auf den Kompanieflur kündigte an, das die Nachtruhe beendet war. Genau wie ich schraken auch die anderen Zimmergenossen auf, als sie das Wecksignal wahrnahmen. Für einen Bruchteil einer Sekunde musste ich mich sortieren, um die Umgebung, in der ich mich jetzt befand, zu realisieren. Als hätte ich das Selbstbestimmungsrecht am Kaserneneingang abgegeben, wurde mein Tagesablauf von nun an von militärischen Gesetzen geprägt, die nur wenig Spielraum für Mitbestimmung ließen. Für jemanden wie mich fiel es anfänglich schwer, sich dem neuen Ordnungssystem zu unterwerfen.

Da ich jedoch nicht allzu viel Zeit zum Nachdenken bekam, hatte ich mich schnell an die militärischen Gepflogenheiten gewöhnen müssen, die mir später dann keine Schwierigkeiten mehr bereiteten. Nur während der Nachtruhe, an freien Nachmittagsstunden und an den Wochenenden kam ich dazu, über mein Zuhause und meine Freundin nachzudenken. Wann immer es mir möglich war, schrieb ich Briefe an sie, dass ich sie vermissen würde und wie unser Tagesablauf war. Nach ein paar Wochen fing ich damit an, Gedichte zu schreiben und zu zeichnen. Das Zeichnen musste ich wohl von meiner Mutter geerbt haben, denn sie konnte sehr gut zeichnen, und das Dichten lag mir wohl verborgen im Blut. Einige meiner Gedichte und Bilder wurden sogar in der Kunstgalerie der Kaserne ausgestellt. Während meiner militärischen Grundausbildung, brachte ich mir das Mundharmonikaspielen bei. In einer selbst gegründeten Band während der militärischen Ausbildung spielten wir zusammen in den Nasskomplexen des Kompanieflures unseren eigenen Blues. So wie viele andere Genossen unserer Kompanie, nutzte auch ich die Möglichkeit, mich in der freien Zeit sportlich zu betätigen. Viel Auswahl von Sportarten gab es nicht und so entschloss ich mich, in einer Handballgruppe meinem Drang nach Körperertüchtigung nachzukommen. Eine folgenschwere Entscheidung, die ich zu diesem Zeitpunkt lieber hätte nicht treffen sollen, denn sie hatte später gesundheitliche Einschränkungen für mein weiteres Leben zur Folge.

Der Alltag in der Kaserne wurde zur Routine und so langsam ließ man sich auch darauf ein.

Der Schmerz darüber, dass man weit weg von zu Hause und getrennt von seiner Freundin war, legte sich, umso mehr Tage und Wochen vergingen. Doch unsere angekündigte Vereidigung erinnerte mich wieder daran, dass es vor meinem Wehrdienst noch ein anderes Leben gab. Die Vorfreude, die Familie und die Freundin zur Vereidigung wiederzusehen, brachte auch den zuvor erfolgreich verdrängten Schmerz wieder zurück. Am Tag der Vereidigung bereiteten wir unsere Uniformen und alles was dazu gehörte, für die geplante Zeremonie vor. Wie aus dem Ei gepellt standen die zukünftigen Unteroffiziere kompanieweise auf den vorgesehenen Stellen auf dem Exerzierplatz der Kaserne. Die Besucher und Familienangehörigen verfolgten aufmerksam den Ablauf der Vereidigung, während wir aus unseren Reihen heraus versuchten, mit unauffälligen Blicken einen Verwandten zu erkennen. Nach der strapaziösen Zeremonie ging das Gerangel los, um so schnell wie möglich die Familie und die Freundin zu treffen, auf die man so lange verzichten musste. Endlich war es soweit, dass ich meine Freundin wieder im Arm halten durfte.

Doch das Wiedersehen und die Freude darüber fühlten sich anders an als erwartet. Das Leben in der Kaserne hatte mich verändert, und obwohl nur wenige Wochen vergangen waren, fühlte sich das Wiedersehen mit der Familie befremdlich an. Nur zögerlich konnte ich mich während meines Ausganges mit meiner Freundin, auf die zivile Lebensweise meiner Familie einlassen. Der Tag verging wie im Fluge und bevor er mit einer Verabschiedung zu Ende ging, befiel uns eine bedrückte Stimmung über die nahende Trennung.

Am Kasernentor angekommen, versuchte ich so gut es ging, meine Traurigkeit zu verstecken, um den Abschied nicht schwieriger zu gestalten, als er ohnehin schon war. Bedrückt, aber Haltung bewahrend ging ich über das Kasernengelände auf mein Zimmer, und versuchte mich mit dem Einräumen der mitgebrachten Sachen in meinem Spind abzulenken. Erst am Abend, als auch die anderen Zimmerkameraden wieder zurück waren, und wir uns über den Tag der Vereidigung unterhielten, wurde der Abschied von der Familie wieder erträglicher. Wann es ein Wiedersehen mit der Familie geben würde, wusste niemand von uns und viel Zeit zum Trauern bekamen wir nicht. Schon am nächsten Morgen hieß es wieder tapfer zu sein, sich dem militärischen Alltag zu stellen, und erstaunlicherweise gelang mir das ganz gut.

In den freien Stunden eines Wochenendes trainierte unsere Handballgruppe wieder in der Sporthalle für ein kleines Kasernenturnier. Wegen meiner Reaktionsfähigkeit wurde ich zum Torwart ernannt, obwohl ich lieber auf dem Feld gespielt hätte. Wie bei jedem Training gab ich auch an diesem Tag wieder alles, um unser Tor vor den Ballattacken der gegnerischen Mannschaft beschützen zu können. Mit harten, schnellen Ballwürfen traktierte die Trainingsgruppe mein Tor und ich hatte Mühe, die Bälle abzuwehren. Es geschah, was ich mir gerne erspart hätte, der Sportunfall mit Folgeschäden, für den Rest meines Lebens. Mit vollem Körpereinsatz hechtete ich auf die linke Seite meines Tores und versuchte einen Ball abzuwehren, der nicht ersichtlich an das Tor vorbeigeflogen wäre.

Die Fliehkräfte meines Körpers waren jedoch so stark, dass ich diesen nicht mehr rechtzeitig abbremsen konnte. Mit ausgestrecktem Arm erreichte ich zwar noch den Ball, doch meine Hand lag beim Aufprall des Balles ungünstiger Weise vor dem linken Pfosten meines Tores. Ein stechender Schmerz zuckte durch meine linke Hand, als diese vom Ballwurf am Torpfosten abgeknickt wurde. Trotz starker Schmerzen versuchte ich, die Trainingseinheit zu Ende zu bringen. Anfangs hatte ich nur Schmerzen, je mehr Stunden jedoch vergingen, desto mehr schwoll meine Hand zu einer Pranke an. Da ich die Nacht vor Schmerzen kaum schlafen konnte, entschied ich mich dazu, am Morgen zum medizinischen Dienst der Kaserne (Medpunkt) zu gehen, um meine Hand untersuchen zu lassen.
Die Untersuchung meiner Hand verlief sehr schnell. Die Diagnose des Arztes war, dass meine Hand angeblich nur verstaucht und deshalb angeschwollen war. Ich bekam eine Salbe drauf und eine Binde zur Ruhigstellung um. Vom Dienst wurde ich natürlich nicht befreit, da es nichts Ernsthaftes war, was meine Dienstfähigkeit hätte einschränken können.
Nach ein paar Tagen ging die Schwellung meiner Hand dann tatsächlich zurück, doch sehr häufig quälte mich bei den unterschiedlichsten Bewegungen ein stechender Schmerz im Handgelenk. Bei einem weiteren Besuch des Arztes wurde mir nur mitgeteilt, dass es noch ein Weilchen dauern würde, bis die „Verstauchung" verheilt sei. Tapfer versuchte ich meinen täglichen Dienst zu führen und arrangierte mich mit meiner schmerzenden Hand. Zu einem späteren Zeitpunkt in meiner Geschichte

komme ich noch einmal auf die Fehldiagnose des Arztes und deren Folgen zurück.

Es war bereits der 21.04.1986 und die militärische Grundausbildung ging zu Ende. Die frischernannten Unteroffiziere bereiteten sich darauf vor, am nächsten Tag in ihre vorgesehene Truppe versetzt zu werden. Schon Tage zuvor wurden wir vor dem Truppenleben und dem militärischen Alltag gewarnt, wie hart dieser für uns werde. Die meisten meiner Kameraden fürchteten sich schon vor dem Truppeneinsatz, weil sie an Standorte versetzt wurden, an denen kein Soldat gerne seinen Dienst absolvieren würde. Als freiwilliger Berufsunteroffizier hatte ich schon die besseren Karten. So wie das Versprechen, welches mir zu meiner Musterung gegeben wurde, dass ich in Standortnähe meine militärische Grundausbildung tätigen könne, wurde auch das Versprechen, nach dieser Ausbildung in meine Heimatgegend versetzt zu werden, nicht eingehalten. Mein Bestimmungsort war ein kleines Dorf namens Klosterfelde in der ländlichen Umgebung von Berlin. Dieser Standort befand sich zwar nicht wie erwartet in der Heimatgegend, aber immerhin schon näher dran als die Stadt Bad Düben, in der ich meine Grundausbildung gemacht hatte.

Am 22.04.1986 war es dann soweit. Mit gepackter Tasche und gestriegelter Uniform, fuhr ich als stolzer und frischgebackener Unteroffizier mit dem Zug nach Klosterfelde, um mich dort zum Truppendienst zu melden. Die militärische Grundausbildung dauerte zwar nur wenige Monate, jedoch kam es mir wie eine Ewigkeit vor, das letzte Mal mit einem Zug gefahren zu sein. Selbst das Betrachten der vorbeirauschenden Natur und ihrer Umgebung kamen mir so befremdlich vor, als hätte ich das erste Mal in meinem Leben ein Haus verlassen, um nachzusehen, was es da draußen noch so gibt. Trotz der merkwürdigen Gefühle empfand ich während meiner Reise so etwas Ähnliches wie Freiheit. Ein Gefühl, das irgendwie in Vergessenheit geraten war und nun wieder zum Vorschein kam. Das Wissen darum, der Heimat näher zu kommen, ließ in mir ein Gefühl von Freude aufkommen. Leider dauerte die Zugfahrt nicht lange, denn gerne hätte ich die Reise noch etwas länger genossen.

Bis nach Berlin gestaltete sich die Bahnverbindung unkompliziert, aber von dort an war Geduld gefragt. Die Anschlusszeiten waren ebenso gewöhnungsbedürftig wie die Transportmittel. Der S-Bahnverkehr war mit mehrfachem Umsteigen nach Bernau noch human verlaufen. Was jedoch danach kam, hatte mit Verkehrsanbindung nur wenig bis gar nichts zu tun. In Bernau war Endstation, denn von dort aus fuhren nur noch Busse und Taxen. Sollte man die letzte Fahrmöglichkeit des Tages verpasst haben, würde man einen Fußmarsch einlegen oder bis zum nächsten Morgen warten müssen. Die Bahnhofsmitropa von Bernau lud nicht gerade dazu ein, seine wertvolle Zeit darin totschlagen. Es gelang mir schließlich dennoch, in Klosterfelde anzukommen. Von hier aus hieß es dann zu Fuß weiter zu gehen, in der Hoffnung, meine neue Dienststelle würde nicht weit entfernt sein.

Meine Schuhe, die ich kaum getragen hatte, hinterließen schon jetzt die ersten Abdrücke an meinen Füßen und für längere Fußmärsche ohne weiter Schäden anzurichten, waren die Schuhe nicht ausgelegt. Ich machte mich sodann auf den Weg, den letzten Abschnitt zur Dienststelle anzutreten. Das Dorf war sehr klein, und ich traf nur wenige Menschen auf der Straße, die ich nach dem Weg zur Dienststelle befragen konnte. Mit meiner Tasche beladen, schleppte ich mich durch eine kleine Häusersiedlung, eine lange Hauptstraße, die durchs Dorf und einen schmalen Weg, der durch ein Waldstück führte, entlang, bis ich schließlich die Dienststelle erreicht hatte. Da stand ich nun, schweißgebadet und mit brennenden Füßen vor einem kleinen Kasernentor tief im Wald versteckt. Auf den Weg zur Kaserne bin ich nur an einer geschlossenen Gaststätte vorbei gekommen und Einkaufsmöglichkeiten wie zum Beispiel einem Kiosk hatte ich nicht gesehen. Schon jetzt war mir klar, dass sich meine Ausgänge hier etwas schwieriger gestalten lassen und die Möglichkeiten im Dorf nur beschränkt sein werden. Während ich vor dem Kasernentor meinen Dienstausweis und meinen Versetzungsbefehl aus der Manteltasche kramte, atmete ich noch einmal tief durch, bevor ich das Kasernentor durchschritt. Ein bewaffneter Soldat begleitete mich noch wenige Schritte bis zum Wachhaus, an dem ich dann meine Papiere dem wachhabenden Unteroffizier durch ein kleines Fenster reichte. Nach einem kurzen Blick auf meine Papiere setzte sich der Wachhabende über eine Wechselsprechanlage mit seinem Vorgesetzten, dem Offizier vom Dienst, in Verbindung. So wie es sich angehört hatte, wurde ich bereits erwartet, denn der Offizier vom Dienst gab seinen Gehilfen die Anweisung, mich am Kasernentor abzuholen und zum Stabsgebäude zu begleiten. Wenig später war der Gehilfe auch schon bei der Wache am Kasernentor und bat mich, ihm zu folgen. Im Gegensatz zur Kaserne von Bad Düben war die Kaserne von Klosterfelde sehr klein. Es war unglaublich ruhig auf dem Gelände und man konnte sogar die frühen Vögel zwitschern hören, während ich dem Gehilfen hinterher lief. Die einzelnen Gebäude in der Kaserne lagen so dicht beieinander, dass diese mit nur wenigen Schritten erreicht werden konnten. Anders als uns zum Ende der Grundausbildung vorhergesagt wurde, schien der Militäralltag hier völlig entspannt und ohne Hektik zu verlaufen. Den ranghöheren Offizieren, denen ich auf dem Weg begegnete, erwies ich eine Ehrenbezeugung, so wie ich es in der Grundausbildung gelernt hatte. Die Offiziere schienen von meiner Ehrenbezeugung etwas irritiert zu sein, denn mit einem verwunderten Gesichtsausdruck und mit einer leichten Verzögerung grüßten die Offiziere zurück. Nach etwa 100 Metern erreichten wir schließlich das zweistöckige Stabsgebäude. Durch den Haupteingang betraten wir einen kleinen Raum, in dem der Offizier vom Dienst bereits hinter dem Tresen stand und in Unterlagen sah, die er beiseitelegte, als wir eintraten. Nachdem der diensthabende Offizier einen kurzen Blick auf meine Papiere warf, wies er seinen Gehilfen an, mich in die zweite Etage in das Empfangszimmer zu bringen, in dem ich erst einmal warten sollte. In der zweiten Etage des Stabsgebäudes befanden sich die Wohnräume jener Berufssoldaten, die noch keine Wohnung im Dorf erhalten hatten, oder keine Wohnung brauchten, weil es bequemer war, in der Dienststelle untergebracht zu sein. In einem größeren Zimmer setzte ich mich auf einen Stuhl vor einem Fenster und schaute auf das im Wald gelegene Kasernengelände. Nach mehreren Stunden Warten, erbarmte sich ein Hauptmann, mich aufzusuchen, um nachzusehen, ob ich noch anwesend sei. Mir schien fast so, als wüsste der Hauptmann nicht so recht, was er mit mir anstellen sollte und er fragte mich, ob ich schon zum Abendessen war. Seit einer Ewigkeit knurrte mir bereits der Magen und ich gab zur Antwort, dass ich bisher noch keine Mahlzeit zu mir genommen hatte, da ich nicht wusste, wo sich die Kantine befand. Durch ein Seitenfenster des Zimmers, in dem wir uns befanden, zeigte er auf einen schmalen Weg, der bis zur Kantine für Berufssoldaten führte. Beim Verlassen des Zimmers wies der Hauptmann an, dass wenn ich mit dem Abendessen fertig wäre, ich mich sofort im Raum des Offiziers vom Dienst in der unteren Etage melden sollte. Also machte ich mich auf den Weg in die Kantine, um meinen Hunger zu stillen. In der Kantine saßen bereits einige diensthabende Offiziere, die damit beschäftigt waren, ihr Abendessen einzunehmen.

Beim Betreten der Kantine machte ich wieder meine Ehrenbezeugung, doch langsam kamen mir meine Ehrenbezeugungen etwas peinlich vor, denn keiner der Offiziere nahm Notiz von mir, während ich die Kantine betrat. Ich war es nicht gewohnt, in der Küche bedient zu werden, also bat mich das Personal, das aus Soldaten bestand, irgendwo Platz zu nehmen. Ich suchte mir in einer Ecke einen Tisch aus, an dem ich in Ruhe speisen konnte, und setzte mich.

Da ich nach dem Abendessen zum Offizier vom Dienst befohlen wurde, beeilte ich mich mit meiner Nahrungsaufnahme und tat, was mir aufgetragen wurde. Beim Offizier vom Dienst fiel mir auf, dass der Hauptmann, der im Gästezimmer mit mir sprach, den Dienst übernommen hatte und bereits auf mich wartete. Gerade als ich die Tür des Dienstzimmers hinter mir schließen und mich zur Stelle melden wollte, bat mich der Hauptmann, ihm zu folgen. Also öffnete ich wieder die Tür, um dem an mir vorbeigehenden Hauptmann hinterher zu laufen. Unser Weg führte ein Stockwerk höher in die zweite Etage des Stabsgebäudes, wo sich auch das Gästezimmer befand, in dem ich mich kurzfristig aufhielt. In der zweiten Etage betraten wir einen Raum, der für die nächste Zeit meine Unterkunft sein sollte. Mit der Anweisung, dass ich mich am nächsten Morgen nach dem Frühstück wieder beim diensthabenden Offizier melden solle, verließ der Hauptmann das Zimmer. Ich holte meine Sachen, die sich noch im Gästezimmer befanden, und fing an, diese in meinen Schrank einzuräumen. Draußen war es schon längst dunkel, nur die Beleuchtung über dem Haupteingang des Stabsgebäudes warf einen schwachen Lichtkegel um den Eingang. Nachdem ich mit dem Einräumen meiner persönlichen Sachen fertig war, schaltete ich das Licht in meinem Zimmer aus, und schaute noch eine Weile aus dem Fenster in die Dunkelheit, bevor ich mich für die Nachtruhe vorbereitete.

Um sechs Uhr morgens riss mich das Signalhorn des Stabsgebäudes aus dem Schlaf und erinnerte mich daran, was mir am Abend zuvor aufgetragen wurde.

Wie befohlen, meldete ich mich nach dem Frühstück im Zimmer des OvD, der mich gleich zur Bekleidungskammer schickte, um dort meine Sachen abzuholen, die ich für meinen täglichen Dienst benötigte. Danach hatte ich ein Gespräch mit dem Stabschef der Abteilung, in dem er mir erklärte, dass die Raketenabteilung zwar gefechtsbereit ist, sich jedoch in einem Ausnahmezustand befindet. Da aus meinen Unterlagen ersichtlich war, dass ich den Beruf eines Baufacharbeiters erlernt hatte, kam ich mit meiner Berufserfahrung dem leitenden Offizier für das Bauvorhaben zur rechten Zeit. Also wurde ich kurzer Hand der Technischen Kompanie zugeteilt. Die Technische Kompanie war als Technischer Zug in die Startbatterie eingegliedert. Die Startbatterie hatte 4 von 6 notwendigen Startrampenbedienungen, einen sogenannten Montage- und Betankungszug mit einem dazugehörigen Lagerverwalter für die Raketen. Eigentlich war der Lagerverwalter für Raketen eine Offiziersplanstelle, doch wegen des undankbaren Jobs wurde diese Planstelle den Berufsunteroffizieren zugeteilt. Da ich dafür genau der Richtige zu sein schien, wurde mir diese ehrenvolle Aufgabe zugeteilt. Doch nicht alles, was schön geredet wird, ist auch schön. Es dauerte nicht lange, bis ich erfahren musste, dass meine Vorgänger ein schlechtes Bild und meinen Aufgabenbereich in einen desolaten Zustand hinterlassen hatten. Es lag nunmehr an mir, der ins schlechte Licht gerückten Planstelle wieder zu neuem Glanz zu verhelfen. Zum Dienstbeginn des nächsten Tages meldete ich mich bei meinem Kompaniechef mit der Bitte, mir ein Gesamtbild von meinem Aufgabenbereich machen zu dürfen.

Nachdem mich mein vorgesetzter Hauptmann mit den wichtigsten Informationen gefüttert und in meinen wichtigsten Funktionen eingewiesen hatte, stand nun meine Stellung in der Kompanie fest. Von diesem Tag an war ich ein wichtiger Bestandteil der Raketenabwehrabteilung in Klosterfelde, und ich stellte es mir zu Aufgabe, die Missstände, die an meinem Aufgabenbereich hafteten, auszumerzen. Bei meinem täglichen Gang zum Bunker, wo die Raketen lagerten und bei meinen Arbeiten auf den Betankungsplätzen fiel mir auf, dass ich nie einen anderen Offizier in dieser Gegend angetroffen hatte. Nur die mir unterstellten Unteroffiziere, die Soldaten der Technischen Kompanie und das Wachpersonal des Objektes, betraten mein Hoheitsgebiet. Die Erklärung dafür bekam ich sehr schnell. Die Betankungsplätze für die Raketen waren der gefährlichste Ort des Militärgeländes. Niemand ging freiwillig zu diesem Ort, es sei denn, er hätte einen Befehl bekommen oder es war ein Gefechtsalarm geplant. Das hatte für mich einen beruhigenden Vorteil, denn ich konnte ungestört meine Arbeit verrichten. Seitdem ich meinen festen Platz in der Einheit gefunden hatte, war ich täglich bemüht, meinen Dienst nach Vorschrift zu tätigen und ließ mir nie etwas zuschulden kommen.

Es waren schon wenige Monate in der Truppe vergangen, und meinem Kompaniechef waren meine Bemühungen in der Erfüllung meiner Dienstpflicht nicht entgangen. Und so wurde ich schon nach einem halben Jahr Truppendienst, am 06.10.1986, zum Unterfeldwebel und ein weiteres Jahr später, am 30.09.1987, zum Feldwebel befördert. Gewissermaßen war das für einen Berufsunteroffizier ein kometenhafter Aufstieg. Mit nicht ganz so kometenhafter Geschwindigkeit verlief die Vergabe einer Wohnung für mich. Enttäuscht musste ich immer wieder mit ansehen, dass andere Berufskader wie Fähnriche und junge Offiziere, die nach mir kamen, vor mir eine Wohnung erhielten. Auf meine Nachfrage hin, warum das so sei, wurde nur geantwortet, dass diese Kader ranghöher seien und somit bevorzugt behandelt würden. In meiner bisherigen militärischen Laufbahn wurde ich so ein drittes Mal betrogen und die mir gegebenen Versprechungen wurden wieder nicht eingehalten. Nunmehr war ich an einem Punkt angekommen, an dem mein Verständnis aufhörte und an dem ich nicht mehr bereit war, die Vorgehensweise mit der Wohnungsvergabe zu tolerieren. Nach mehreren Gesprächen mit den zuständigen Vorgesetzten bekam ich zur Antwort, dass sich die Wohnungsvergabe für mich noch schneller gestalten ließe, wenn ich verheiratet wäre. In so einem Fall würde ich sofort eine Wohnung erhalten und den unverheirateten, ranghöheren Offizieren und Fähnrichen, vorgezogen werden. Ich erhielt ein weiteres Versprechen in der Hoffnung, nun endlich eine Wohnung zu bekommen.

Am 09.07.1988 heiratete ich meine Freundin und nahm ihren Familiennamen an. Meinen eigenen Familiennamen (Meyer) legte ich ab, weil dieser wegen der politischen Einstellung meiner Familie ein schlechtes Bild auf mich warf. Natürlich war die Hochzeit schon zu einem früheren Zeitpunkt geplant gewesen und meine Freundin hatte ich geheiratet, weil ich sie liebte.

Die Oma meiner Freundin war unerwartet gestorben, und so mussten wir die geplante Hochzeit zeitlich nach hinten verschieben. Nachdem ich die Vermählung und meine Namensänderung in meiner Dienststelle bekanntgab, übte ich mich noch ein paar Wochen in Geduld, um nicht aufdringlich zu wirken. Doch als eine weitere Wohnung an einem Fähnrich vergeben wurde, riss mir der Geduldsfaden. Was ab diesem Tag passierte, waren dunkle Zeiten in meinem Leben. Von nun an galt es einen hoffnungslosen Psychokrieg zu führen, der bis zu meiner Entlassung am 30.11.1989 mehr als ein Jahr dauerte, und meine militärische Laufbahn praktisch beendete.

Nachdem ich, natürlich mit Einhaltung des Dienstweges, mit meinen Bemühungen keinen Lösungsweg fand, schrieb meine Frau am 16.12.1988 eine Eingabe an das ZK der SED der damaligen DDR, mit der Bitte um Mithilfe bei unserer Problemlösung. Als Antwort kam zurück, dass unser Problem an die zuständige Abteilung weitergeleitet wurde, aber unser Anliegen, nur durch die ortsansässigen, zuständigen militärischen Behörden geklärt werden könne. Das ZK der SED bedankte sich für das entgegengebrachte Vertrauen. Wegen dieser Eingabe wurde ich zum Kommandeur der Abteilung befohlen, der ganz und gar nicht über meine Vorgehensweise erfreut war. Die Entrüstung des Kommandeurs ließ mich unbeeindruckt, und ich gab unmissverständlich zu verstehen, dass ich nicht mehr bereit sei, meinen Dienst zu tun, wenn die Versprechen, die mir gegeben wurden, nicht eingehalten würden. Mit der Drohung des Kommandeurs, dass meine Einstellung Konsequenzen haben werde, war das Gespräch beendet. Trotz des ausbleibenden Erfolges mit unserer Eingabe an das ZK der SED wurden weitere Gespräche mit mir und meiner Frau geführt. Zwischenzeitlich wurde auch der Bürgermeister der Gemeinde Klosterfelde wegen des gesamten Wohnungsproblems einbezogen. Der Bürgermeister sah jedoch alles total entspannt und konnte die ganze Aufregung überhaupt nicht verstehen, denn alles würde seine Zeit benötigen. Schließlich hätte ich erst im Juni 1988 einen regulären Wohnungsantrag gestellt, und auf Grund unserer Eingaben an das ZK der SED, wurde uns versprochen, dass meine Frau und ich im Jahre 1989 in den Wohnungsvergabeplan mit einbezogen würden.

Weitere Monate zogen ins Land, und da ich nur noch vertröstet wurde, weil der damalige Bürgermeister in korrupter Form die freien Wohnungen vergab, entschloss ich mich dazu, meinen aktiven Wehrdienst beenden zu wollen. Mein erstes Entlassungsgesuch schrieb ich am 24.01.1989 an den damaligen Stellvertreter des Ministers und Chef der politischen Hauptverwaltung, Generaloberst Brünner. Am 14.02.1989 bekam ich eine Antwort. Der Inhalt dieses Schreibens sollte eher ein Bedauern über die fehlende Zuständigkeit und einen Vorwurf über meine Ungeduld kundgeben. Dieses Schreiben veranlasste mich dazu, am 22.02.1989 erneut eine Eingabe an das ZK der SED zu schreiben, denn das damalige Ministerium für Verteidigung konnte unmöglich von den Missständen in der Gemeinde Klosterfelde wissen und das musste ich dem ZK der SED doch unbedingt mitteilen. Als die Retourkutsche bei meinem Kommandeur ankam, war dieser über meine Vorgehensweise außer sich. Wegen meiner erneuten Eingabe wurde vom Kommandeur für den 11.03.1989 ein Gespräch mit Berichtsführung angeordnet.

Dass die Herren Genossen nicht mehr wussten, was sie taten, bewies die Tatsache, dass ich in der Berichtsführung aufgefordert wurde, einen Wohnungsantrag abzugeben, da es bisher nur mündliche Absprachen gegeben haben sollte. Wo war denn mein Wohnungsantrag abgeblieben, den ich bereits im Juni 1988 gestellt hatte, und der im Antwortschreiben des damaligen Ministeriums für Verteidigung vom 14.02.1989 als Vorwurf für meine Ungeduld bewertet wurde?

Fast ein halbes Jahr war nun wieder vergangen, in dem mir versprochen wurde, eine Wohnung zu erhalten, doch diese kam nicht. Da ich bisher keine Antwort auf mein Entlassungsgesuch erhalten hatte und die Wohnungssuche erfolglos blieb, fehlte mir die Kraft, mich auf meinen Dienst konzentrieren zu können und es kam, wie es kommen musste. Einen Nervenzusammenbruch während des Dienstes nahm mein Kommandeur zum Anlass, mich bis aufs weitere, im Medpunkt der Kaserne unterbringen zu lassen. Das Maß war voll. Bei einer Sicherheitskontrolle im zweiten Stock des Stabsgebäudes verlor ich die Beherrschung. Für einen metallenen Kleiderständer, der mir im Wege stand, berechnete ich die ballistische Kurve durch eine große, dreigeteilte Glastür des Stockwerkes. Das gesamte Stabsgebäude musste zusammengezuckt sein, als das Scheppern des Glases durch das Gebäude drang. Da auf dem Flur noch die Kisten mit den leeren Patronenhülsen vom Schießen des Vortages dastanden, hatte ich diese mit einem kräftigen Fußtritt in die untere Etage befördert.

Der Leiter des Medpunkts, ein Stabsoberfähnrich, kannte meine Problematik und hatte dafür viel Verständnis. Dass es jetzt noch schwieriger für mich werden würde, wollte er mir nicht verheimlichen. Wenn ich wirklich den Weg der Dienstuntauglichkeit gehen möchte, kämen harte Zeiten auf mich zu und damit sollte er recht behalten.

Vorerst wurde ich in ein geschlossenes Krankenzimmer untergebracht, doch der Leiter des Medpunkts hatte sich für mich eingesetzt, und wenige Tage später durfte ich den Medpunkt zum Luftholen verlassen. Dem Kommandeur gefiel es nicht, dass ich so tatenlos herumlief und vom Leiter des Medpunkts keine Genesungsinformationen kamen. Ich wurde ja bereits vom Medpunktleiter vor dem gewarnt, was auf mich zukommen würde, und der Kommandeur tat, womit ich rechnen musste. Ich wurde aufgefordert, einen anberaumten Termin bei einer Ärztin im Militärkrankenhaus Cottbus wahrzunehmen. Ich tat, was mir befohlen wurde. Die Ärzte-Kommission Cottbus entschied am 22.06.1989, das ich zwar in Stresssituationen überreagieren könnte, aber psychologisch dienstfähig wäre.

Trotz des ernüchternden Ergebnisses der Ärzte-Kommission schrieb ich am 05.07.1989 und am 28.08.1989 den Kommandeur der Fla-Raketenbrigade, Oberst Scholz, erneut an, und bat ihn um meine frühzeitige Entlassung aus dem aktiven Wehrdienst. Neben dem Kampf gegen meine Vorgesetzten entstanden zeitgleich die Demonstrationen gegen die politischen Missstände der damaligen DDR Regierung. Vielleicht waren es die stärker werdenden Demos oder die Abschiebung meines ältesten Bruders als politischer Häftling an die BRD, die dazu beitrugen, dass für mich ein kleines Wunder geschah.

Endlich war es soweit, der Kampf um meine Entlassung aus dem aktiven Wehrdienst war beendet. Am 16.09.1989 wurde ich von meinem Vorgesetzten darüber informiert, dass ich am 30.11.1989 entlassen würde. Für mich ging eine dunkle Zeit zu Ende, und für meine Fehlentscheidung, zur Armee gehen zu wollen, musste ich bitter bezahlen. Obwohl ich eine wichtige Schlacht erfolgreich geschlagen hatte, ging der Kampf um eine Wohnung weiter. Meinen ersten Erfolg nahm ich als Anlass dafür, mit einem erneuten Schreibens an das zerfallende ZK der SED vom 21.10.1989, auch die letzte Hürde zu nehmen, um eine Wohnung zu erhalten.

Mit dem politischen Umschwung in unserem Land im Oktober 1989 endete auch die Machtstellung des damaligen Bürgermeisters in Klosterfelde. Nur wenige Tage später war ich mit dem Eintreffen des Zwischenbescheides des ZK der SED am 03.11.1989 darüber informiert worden, dass für mich in Klosterfelde in der Straße der Roten Armee 125 eine Wohnung bereitstünde und ich diese sofort beziehen könne. Am 30.11.1989 verließ ich für immer die Kaserne von Klosterfelde, und das erste, was ich tat, war die Vernichtung meiner Uniform. Noch heute habe ich gelegentlich Alpträume, in denen ich wieder zurück zur Armee muss.

Zurück ins Zivilleben

Vom 03.11.89 bis zu meinem Entlassungstag, dem 30.11.89, blieben mir also noch fast vier Wochen Zeit, die Wohnung, die ich erhielt, in einem bewohnbaren Zustand zu versetzen. Nachdem ich im September 1989 von meiner Entlassung aus dem Wehrdienst erfahren hatte, bemühte ich mich um eine Arbeitsstelle in Bernau. Bernau, eine Kleinstadt vor Berlin, war nur 16 Kilometer von Klosterfelde entfernt, und besaß Anfang 1990 mit knapp 19000 Einwohnern nur wenig Charme. Ich empfand die Bernauer als ein gewöhnungsbedürftiges Volk, starrsinnig und in sich gekehrt. Doch sie konnten auch liebenswürdig sein, wenn man mit ihnen erst einmal warm geworden war.

Im Schichtpressstoffwerk, einem Betrieb am Rande der Stadt Bernau, bekam ich einen Arbeitsplatz als Betriebsmaurer zum 01.12.89. Scheinbar hatte ich zur Abwechslung mal eine Glückssträhne, so dass ich mich „nur noch" um meine neue Wohnung kümmern musste. Sie befand sich an der Hauptstraße, die direkt durch das Dorf Klosterfelde führt, kurz vor dem Ortsausgang in Richtung Wandlitz. Es war ein Haus mit einer Einliegerwohnung und einem angrenzenden Garten von 500 qm, zu dem auch noch eine kleine Scheune gehörte.
Den Hof des Hauses nutzten die zwei Wohnparteien gemeinsam. Die Wohnung, die ich beziehen durfte, wurde schon lange nicht mehr bewohnt, und so stellte sich mir die Frage, warum ich diese nicht schon viel eher be-

kommen hatte. Schnell wurde mir klar, dass diese Wohnung niemand haben wollte und sie deshalb nicht vermietet werden sollte. An den Wänden der Zweiraumwohnung mit Wohnzimmer, Schlafzimmer, Küche, Bad sowie einem Flur mit einer Treppe zum Dachboden lief das Wasser herunter. So sehr wir uns über die Wohnung gefreut hatten, war mir aber auch klar, dass meine Frau diese Wohnung nie beziehen würde. Mir blieb also nichts anderes übrig, als meine gelernten Fähigkeiten als Baufacharbeiter wieder aufzufrischen, um die Wände der Wohnung trocken zu bekommen. Täglich heizte ich den großen Kachelofen ein und lüftete stundenlang die Wohnung. In der Kaserne wusste niemand mehr so recht, woran er jetzt war, denn durch die politische Wende in unserem Land herrschte ein unsicheres Durcheinander. Mir war es egal, wie die Zukunft der anderen aussehen würde und es störte niemanden, dass ich mich während meiner Dienstzeit in meiner neuen Wohnung beschäftigte.

Durch Beziehungen eines Kumpels aus dem Dorf besorgte ich mir die benötigten Baustoffe wie Kies, Zement und einen Teeranstrich, um mit meinen Arbeiten beginnen zu können.

Eine Außenwand, ein paar Wände in der Küche sowie vom Bad mussten vom Putz befreit werden, und nach einem Speeranstrich aus Teer wieder neu verputzt werden. Damit war auch die größte Herausforderung auch schon gemeistert. Jetzt hieß es noch die Wände zu streichen und mit Tapete zu versehen. Meine fertige Wohnung war zwar keine Neubauwohnung, aber sie war nun in einem beziehbaren Zustand, den auch meine Frau akzeptieren würde. Nur das Mobiliar fehlte noch. Mir war bewusst, dass es sehr lange dauern würde, sich Möbel kaufen zu können, um die Wohnung so zu gestalten, wie man sie gerne hätte. Jedenfalls gegenwärtig war ich überaus glücklich mit der Situation und alles andere würde sich schon ergeben. Von einem Kameraden aus der Kaserne bekam ich für die Küche eine alte Spüle, die man dort nicht mehr brauchte. Von einem anderen Kameraden bekam ich einen Gasherd, der noch mal technisch überholt wurde, so dass ich mit diesem die Möglichkeit zum Kochen hatte. In meinem Schlafzimmer lag eine Luftmatratze, aus der ständig die Luft entwich und die immer wieder aufgeblasen werden musste. Aus Brettern baute ich mir für die Küche eine Sitzbank, die dann unter dem Küchenfenster stand. Als Tisch dienten zwei übereinander gestapelte Bierkisten aus Holz, auf die ich eine Holzplatte nagelte. Besteck und Geschirr, das ich mir die letzten Jahre zugelegt hatte, nahm ich von der Armee mit. Das einzige moderne Gerät, das ich besaß, war eine vollautomatische Waschmaschine, welche ich mir auf Ratenzahlung zulegte, weil meine Urlaubsgenehmigungen sehr selten waren. Die erste eigene Wohnung stellte ich mir immer anders vor, doch fürs erste war ich zufrieden mit meiner neuen Freiheit und dem, was ich besaß. Bis zum 01.12.89 gab es viel zu tun, um meine Wohnung herzurichten und nun hieß es den ersten Arbeitstag zu meistern. Es war schon sehr lange her, als ich das letzte Mal richtigen Kontakt zu Personen im Zivilleben hatte. Der Militäralltag hatte mich vergessen lassen, wie es war, wenn der Tagesablauf durch Selbstbe-

stimmung organisiert werden durfte. Der Umgang mit den Menschen im zivilen Alltag war deshalb gewöhnungsbedürftig, weil es keine Befehle gab. Einerseits fühlte ich mich wie ein neuer Mensch nach der Entlassung aus der Armee, aber andererseits ängstigte mich die Tatsache, dass mir das Leben außerhalb der Kaserne in den letzten vier Jahren sehr fremd geworden war.
Als Berufssoldat war es mir gestattet, mit einem eigenen PKW anzureisen. Also entschloss ich mich dazu, nach einem Kurzurlaub meinen Moskvich mit zur Dienststelle zu nehmen. Ein Leutnant bekundete sein Interesse an mein Auto, und so tauschte ich die 4.500 Mark Verkaufserlös in einen Renault 5 TL ein. Leider entpuppte sich der Renault als Fehlkauf, denn schon nach kurzer Zeit waren die ersten Reparaturen fällig und es war schwer, an Ersatzteile heranzukommen. Als zuletzt die elektromagnetische Kupplung den Geist aufgab, war es ganz vorbei und nichts ging mehr. Neidvoll schaute ich auf meinen Moskvich wenn der Leutnant die Dienststelle verließ, während mein Renault versteckt hinter dem Kasernengelände verrostete.

Da mir die liebgewonnene Mobilität nun fehlte, gab es keine andere Möglichkeit, als jeden Morgen mit dem Bus nach Bernau zu fahren, um zu meinem neuen Betrieb zu kommen. Die Bushaltestelle war nur wenige Meter von meiner Wohnung entfernt und der Bus fuhr direkt bis zum Bahnhof Bernau. Von dort aus waren es nur noch ein paar hundert Meter Fußweg bis zu meinem Betrieb. Die neuen Kollegen der Maurerbrigade waren weitestgehend von freundlicher Natur.

Nur der Brigadier und ein anderer Kollege waren der Meinung, die politische Wende im Jahre 1989 gäbe ihnen das Recht dazu, gegen jeden zwischenmenschlichen Anstand verstoßen zu dürfen. Wegen der Veränderungen im Verhalten dieser Kollegen nannten wir sie gerne „Die Entdecker des Frühkapitalismus". Meine Arbeitskollegen und andere Kollegen im Betrieb wussten, dass ich von der Armee kam, und einige beschimpften mich als Kommunisten, der nicht geduldet wird. Davon abgesehen dass ich vor meiner Entlassung aus dem Wehrdienst meiner Partei, weil ich zu oft verarscht wurde, den Rücken kehrte, konnte ich die Reaktionen dieser Kollegen auch irgendwie verstehen. Der Wandel, in dem sich unser Land befand, verlief in vieler Hinsicht schneller, als es sich der eine oder andere gewünscht hätte. Schon bald wurden die ersten Betriebe von unseren „Eroberern" aufgekauft und übernommen. Nur leider fielen dem „Eroberungszug" viele Arbeitsplätze zum Opfer. Nicht wenige von uns traf dieses Schicksal, und diejenigen, welche sich sicher fühlten, wie unser Brigadier mit seinem großen Mundwerk, waren die ersten, die entlassen wurden. Es herrschte eine belastende Stimmung in unserem Arbeitsalltag und in absehbarer Zeit sollte es noch mehrere Kollegen treffen, die entlassen werden mussten. In der Zeit der Entlassungswelle wurden immer mehr Stimmen lauter, die sich die alte DDR zurückwünschten, weil die Wende anders verlief als erhofft. Nicht nur die beklemmende Stimmung war allgegenwärtig, sondern auch mein Sportunfall während meiner Armeezeit meldete sich mit rasanter Geschwindigkeit zurück. Während ich die Schmerzen in meinem Handgelenk bei der Ausübung meines Dienstes bei der NVA gut in den Griff bekam, hatte ich durch die jetzt anfallende körperlich schwere Arbeit kaum noch Kraft, wegen der starken Schmerzen, meine Hand zu bewegen. Im Januar 1990 suchte ich einen Arzt auf, weil die Schmerzen unerträglich wurden. Nach über vier Jahren wurde nun mein Handgelenk das erste Mal geröntgt.

Der Arzt war sehr verwundert darüber, wie ich es mit meinem verletzten Handgelenk bisher aushalten konnte. Auf dem Röntgenbild zeigten sich vier Jahre alte Brüche von Handknochen mit einem zertrümmerten Kahnbein, die zudem noch sehr schlecht geheilt und ungünstig verwachsen waren. Ich war kaum zwei Monate im Berufsleben, als ich für die nächsten Wochen krankgeschrieben wurde. Zudem kündigte mein Arzt an, dass ich um eine Operation am Handgelenk nicht herum kommen werde, wenn ich dieses irgendwann mal wieder halbwegs ordentlich benutzen wolle. Also bemühte ich mich um einen Operationstermin im Krankenhaus Bernau. Die Dringlichkeit der OP wurde auch im Krankenhaus erkannt, und so wurde ich für den 21.02.1990, genau einen Tag vor meinem Geburtstag, für eine Operation vorgemerkt.

Mit den nötigsten Sachen meldete ich mich wie vereinbart im Krankenhaus in Bernau. Kaum hatte ich das Krankenzimmer bezogen, fielen die Ärzte und Schwestern mit den ersten Vorbereitungen über mich her. Zunächst wurde eine Anamnese erstellt und die Hand noch einmal geröntgt, um die notwendigen Vorkehrungen für die Operation zu treffen. Ich war sehr verwundert darüber, dass dann viele Stunden lang nichts passierte.

Ein Doktor, der mich am Nachmittag im Krankenzimmer aufsuchte, gab mir eine Erklärung für die Wartezeit. Die geplante Operation erwies sich als schwierig. Auf Grund der Kompliziertheit wurden mir zwei Varianten angeboten. Eine Variante wäre, dass mein Handgelenk komplett steif gelegt werden würde, wenn ich einer Operation im Krankenhaus Bernau zustimmte. Als Alternative käme eine Operation in der Charité in Berlin in Frage. In diesem Fall dürfte ich das Krankenhaus wieder verlassen und am nächsten Tag meinen Geburtstag feiern. Der Doktor erzählte mir von einer Ärztin, die sich auf dem Gebiet der plastischen Chirurgie spezialisiert hatte, und mein Handgelenk wieder so hinbekommen könnte, dass ich es wenigstens einigermaßen bewegen könnte.
Trotz der Schmerzen, die mich weiterhin plagen würden, entschied ich mich für die alternative Methode und der beratende Doktor beschaffte mir einen schnellen Operationstermin in der Charité. Anfang März 1990 wurde ich in der Charité Berlin an meinem Handgelenk operiert. Die Abläufe vor der Operation verliefen ähnlich wie die im Krankenhaus Bernau. Jedoch gab es einen kleinen Unterschied. Für die Operation benötigte die Spezialistin aus meinem Körper einen Ersatzknochen für mein zertrümmertes Kahnbein im Handgelenk. Von mehreren Möglichkeiten fiel meine Wahl auf die Entnahme eines Knochenteils aus dem Beckenknochen meiner rechten Hüfte. Die Operation verlief gut und die Ärztin war mit ihrer Arbeit sehr zufrieden. Acht Wochen war meine Hand in einem Gipsverband eingebettet, bevor die Physiotherapie begann, und die war alles andere als angenehm.

Neben dem Herstellen der allgemeinen Beweglichkeit meiner Finger war noch das Herstellen der Beweglichkeit des Handgelenks zu erreichen und dies gestaltete sich schwieriger als gedacht. Sicher meinte es meine Therapeutin gut mit mir, als sie zu mir sagte, wenn wir diese Bewegungen jetzt nicht richtig machen und üben, werde ich mein Handgelenk später weniger gut bewegen können. Mit fast brachialer Gewalt versuchten wir mein Handgelenk Stück für Stück etwas beweglicher zu bekommen, wobei mir einige Male die Tränen in den Augen standen. Nach drei Monaten waren die ersten Erfolge erkennbar. Ich war zwar noch weit weg von dem, was möglich war, aber auf gutem Wege dorthin.

Es war meine operierende Ärztin, die sich für mich stark machte, so dass ich meinen Sportunfall bei der Armee als Dienstunfall anerkannt bekam. Bei einer Untersuchung durch die Gutachter-Kommission wurde ein Grad der Beschädigung festgestellt, mit dem ich eine lebenslange Dienstbeschädigtenrente erhielt. Die nur sehr kleine Rente entschädigt längst nicht dafür, dass ich meine Hand nie wieder richtig bewegen kann und schmerzlos sein werde. Es gibt aber Schlimmeres, was einem widerfahren könnte und ich arrangierte mich mit meinen Einschränkungen, so gut ich konnte. Viele Wochen Physiotherapie musste ich über mich ergehen lassen, bevor ich wieder einigermaßen arbeitsfähig war.

Nach meiner Rückkehr in meinem Betrieb, erhielt ich vorerst einen Schonarbeitsplatz, den es praktisch nicht gab. Ich erkannte schnell, dass ich einer der nächsten sein könnte, dem gekündigt wird, wenn die nächste Kündigungswelle anstand.

Um dem vorzubeugen, machte ich mich schon im Vorfeld auf die Suche nach einer neuen Arbeitsstelle und wurde in einem Baubetrieb im Nachbardorf Schönfeld fündig. Die Akkordarbeit bei den Maurerarbeiten zollte schon nach kurzer Zeit ihren Tribut. Mein geschädigtes Handgelenk vermochte dem täglichen Kraftakt und Leistungsdruck nicht mehr standzuhalten. Zudem kam auch noch ein Arbeitsunfall hinzu, bei dem ich mir im linken Knie den Meniskus verletzte und operiert werden musste. Nach wochenlanger Krankheit war auch mein Knie nicht mehr dazu in der Lage, den Arbeitstag ohne Schmerzen absolvieren zu können. Mir blieb also nichts anderes übrig, als erneut auf die Suche zu gehen, um für mich eine neue Arbeitsstelle zu finden, bei der die körperlichen Anstrengungen zu verkraften sind. Wieder stand mir das Glück zur Seite und ich fand als Maurer/Putzer eine Arbeitsstelle in einem Dorf namens Werneuchen. Der kleine Baubetrieb mit nur wenigen Mitarbeitern war genau das Richtige für mich. Mit dem Chef des Betriebes kam ich sehr gut zurecht und nach kurzer Zeit übergab er mir den Posten eines Brigadiers und die Führung einer Putzkolonne. Davon abgesehen, dass mir die Arbeit viel Spaß machte, konnte ich mir die Arbeit so einteilen, dass mein geschädigtes Handgelenk sowie das Knie den täglichen Anforderungen standhielten.

Anfang der 90ziger Jahre wurde es jedoch ungemütlich in der Baubranche. Immer mehr kleinere Baubetriebe mussten schließen, weil die Auftragslage sehr schlecht war. Nur wenige Betriebe wie unserer vermochten sich über Wasser zu halten.

Der Kampf um Aufträge bekam aber einen bitteren Nachgeschmack. Die Auftraggeber, meistens die aus den neuen Bundesländern, erwarteten eine schier unmöglich hohe Qualität der Arbeit. Bei der kleinsten Kleinigkeit verweigerten sie die Zahlung und forderten Nacharbeiten, bis sie zufrieden waren. Damit wurde nicht nur mehr Arbeitszeit notwendig, sondern der enorme Druck und Stress zerrten zusätzlich an den Nerven. Bis zum Januar 1995 war ich in der Lage, diesen Arbeitsdruck zu ertragen, bevor ich wegen des Verdachts, ein Magengeschwür zu haben, eine wichtige Entscheidung traf, die mein ganzes Leben verändern sollte. Zu diesem Teil meiner Geschichte komme ich an einer anderen Stelle meines Buches zurück und berichte ausführlich darüber.

Die Geburt meines Sohnes

Am 12.02.1994 wurde um 13.22 Uhr mit 3080 g und 51 cm mein Sohn Michael geboren. Es war ein erhebender Moment, bei der Geburt dabei gewesen sein zu dürfen. Zudem war die Geburt von Michael eine Bilderbuchgeburt. Während andere werdende Mütter tagelang im Krankenhaus auf die Geburt ihres Kindes warten müssen, benötigten wir nur ca. 2,5 Stunden für dieses Thema. Eigentlich hatten wir nur vor, gegen 11 Uhr wegen einer Routineuntersuchung ins Krankenhaus zu fahren. Während dieser Untersuchung wurde festgestellt, dass das Fruchtwasser getrübt, der Sauerstoffgehalt zu gering und somit die Gesundheit des ungeborenen Kindes gefährdet war. Es blieb leider nichts anderes übrig, als eine sofortige Geburt einzuleiten. Für die Geburt meines Sohnes war nämlich eigentlich ein anderer Tag geplant. So wie mein Vater als auch ich, sollte Michael an einem 22. Februar geboren werden. Leider musste dieser Termin um 10 Tage vorverlegt werden, was meiner Freude auf die Geburt meines Sohnes keinem Abbruch tat. Gleich nach der Untersuchung wurden wir auf die Entbindungsstation geschickt, wo die Geburt eingeleitet wurde. Im Vorbereitungsraum warteten wir auf den Beginn der Geburtswehen, und dass ich bei der Geburt dabei sein würde, war bereits abgesprochen. Die Wehen ließen nicht lange auf sich warten. Nach knapp 45 Minuten Wartezeit fuhren wir bereits in den Kreissaal, und als würden wir die Mittagspause nicht zu verpassen wollen, war nach weiteren 45 Minuten Michael geboren. Nachdem mir gestattet wurde, die Nabelschnur zu durchtrennen, wurde mein Sohn nach einem kurzen Waschgang in den Raum für Neugeborene gebracht. Während Michaels Mutter für das Krankenzimmer vorbereitet wurde und ich auf dem Flur der Entbindungsstation damit beschäftigt war, einige Formalitäten zu klären, schien es einem Kind im Saal der Neugeborenen nicht zu gefallen. Durch die Tür des Saales drang ein nichtenden wollendes lautes Kreischen eines Kindes. Ich wurde das Gefühl nicht los, dass es sich bei dem weinenden Kind, um meinen Sohn handeln könnte. Schon bald wurden noch andere Kinder im Zimmer angesteckt und schlossen sich dem Monolog des Störenfrieds an. Nunmehr dauerte es nicht lange, bis eine Schwester der Station mit einem Kind aus dem Saal kam und es mir in die Arme legte. Meine Frage, wer der Schreihals sein könnte, war damit beantwortet. Obwohl ich meinen Sohn nur ein einziges Mal zuvor gesehen und gehört hatte, war es unverkennbar mein Michael, den ich in meinen Armen hielt. Nur wenige Sekunden vergingen, als mein Sohn ruhig wurde und in meinen schaukelnden Armen einschlief. Unbeschreibliche Gefühle des Glücks, der Freude, der Angst und Unsicherheit befielen mich zugleich. Von nun an war es meine Aufgabe, dieses unschuldige Wesen zu beschützen und alles Leid von ihm fern zu halten. Mir war es nicht lange gegönnt, meinen Sohn noch länger in den Armen halten zu dürfen, denn nachdem seine Mutter für die Unterbringung im Krankenzimmervorbereitet war, wurde er zu ihr gebracht. Nach einer letzten Zusammenkunft mit dem neuen Familienmitglied verließ ich das Krankenhaus, um Mutter und Kind zur Ruhe kommen zu lassen.

Im Jahre 1993 mussten wir von Klosterfelde nach Bernau ziehen. Es war ein Zwangsumzug, weil die in die ehemalige BRD geflohenen Eigentümer wieder zurückkamen und ihr in Stich gelassenes Eigentum zurückforderten.

Unsere zuvor bezogene Neubauwohnung mit zwei Zimmern plus Küche, Bad und Flur, tauschten wir vor der Geburt von Michael mit der gegenüberliegenden Nachbarwohnung mit einem zusätzlichen Kinderzimmer aus. Das Kinderzimmer war bereits mit dem nötigsten eingerichtet, und so wartete ich aufgeregt auf den Tag, an dem der Rest der Familie zu Hause eintreffen würde. Der langersehnte Tag ließ nicht lange auf sich warten, und die Familie war zum ersten Mal in ihrer Wohnung zusammen. Aus Angst, dem Kind könnte in der Nacht etwas passieren, stellten wir das Kinderbett in unserem Schlafzimmer auf.
Michael war nicht unbedingt ein ruhiges Kind und beschäftigte sich damit, uns in regelmäßigen Abständen aus dem Schlaf zu reißen. Es war nicht so, dass wir tief und fest schliefen, jedoch war es Michael lieber, wenn wir ihn auf dem Arm nachts durch die Wohnung trugen. Während Michael vorgab zu schlafen, war bei ihm stets ein Auge halb offen, um zu kontrollieren, ob er sich auch tatsächlich noch in den Armen eines seiner Eltern befände.

Die Freude darüber, eine glückliche Familie zu sein, dauerte nicht lange an und wurde durch eine Wochenbettdepression von Michaels Mutter getrübt. Schon während meiner Besuche im Krankenhaus hatte ich das Gefühl, dass etwas nicht stimmte. Ich war davon ausgegangen, dass Michaels Mutter von der Geburt noch sehr erschöpft war und ich versuchte, ihr so viel Arbeit wie möglich abzunehmen. Doch auch zu Hause verbesserte sich die Situation nicht und wurde zusehends schlechter. Schließlich wurde es so schlimm, dass sie nur noch weinte und Michael ablehnte. Sie war nicht einmal dazu im Stande, die benötigte Muttermilch zu geben, ganz zu schweigen von der Tatsache, dass sie den Kontakt zu Michael gemieden hatte. Hinzu kam, dass sie meinte, eigentlich kein Kind gewollt zu haben, und nur ich es war, der unbedingt eine Familie gründen wollte. Es war eine schwierige Zeit, die auf mich zukam, doch viel schlimmer war es, dass die Mutter ihrem Sohn nicht die wichtige Zuneigung gab und ich machtlos einer deprimierten Frau gegenüber stand. Nur mühselig und mit viel Feingefühl gelang es uns, in Zusammenarbeit mit dem Kinderarzt, die Wochendepression der Mutter zu überstehen. Vor der Geburt unseres Kindes war unsere Ehe sehr harmonisch, und während der Schwangerschaft freuten wir uns gemeinsam auf den kommenden Familienzuwachs, doch nachdem die Wochenbettdepression der Mutter überstanden waren, kam es anders als erwartet. Die Stimmungsschwankungen der Mutter häuften sich und waren fast an der Tagesordnung. Es gab nur wenig, was man ihr hätte rechtmachen können. Bei der gemeinsamen Erziehung unseres Kindes waren wir uns weitestgehend einig. Wenn es aber um die Entwicklung von Michael ging, ging ihr alles zu langsam voran. Andere Kinder sind schon viel weiter, so war das Motto der Mutter. Es war dabei vollkommen egal, worum es dann ging.

Entweder war Michael nicht schnell genug aus den Windeln raus, hatte zu langsam das Laufen oder viel zu spät Fahrradfahren gelernt. Egal, was es war, Michael wurde ständig mit der schnellen Entwicklung der Mutter oder anderer Kinder verglichen. Es konnte doch nicht sein, dass ihr Kind länger brauchte für seine Entwicklung als sie selbst. Denn schließlich war sie schon trocken und mit dem Fahrrad zur Welt gekommen. Es ist schon erstaunlich, was die Geburt eines Kindes aus einem Elternteil machen kann. An meiner Seite war plötzlich ein anderer Mensch als der, den ich einst kennenlernte.

Es ist mir äußerst schwer gefallen, dieses Kapitel zu schreiben. Zu sehr wurde ich an eine Zeit erinnert, in der ich damals noch nicht ahnen konnte, dass die Mutter meines Sohnes Jahre später andere Pläne für ihr Leben hatte.

Es lebe der Kampfsport

Schon als zehnjähriger Junge schickte mich meine Mutter zu einem Judokurs, in dem ich das erste Mal mit den asiatischen Kampfkünsten in Berührung kam. Primär ging es eher darum, mich von meinen Problemen wegen der Trennung meiner Eltern abzulenken, sekundär hatte ich jedoch Gefallen an dem Sport gefunden, und wenn wir später nicht weggezogen wären, dann hätte ich mit diesem Sport sicher weitergemacht.

Nach unserem Umzug kam ich erst viele Jahre später wieder in Kontakt zum Kampfsport. Während meiner Armeezeit zwischen 1985 bis 1989 trainierte ich eine Mischung aus der Kampfsportart des Judos und des militärischen Nahkampfs. Heute würde man diese ungewöhnliche Mischung wohl als Jiu Jitsu bezeichnen. Nachdem ich den aktiven Wehrdienst 1989 als Berufssoldat aufgab, fehlte mir das Kampfsporttraining. Also machte ich mich in meiner neuen Wohnumgebung auf die Suche, eine vergleichbare Sportart zu finden. Zu meiner Überraschung wurde ich auch fündig, obwohl Kampfsportarten in der damaligen DDR eher selten waren. In meinem Wohnort Klosterfelde, trainierte ein junger Karatelehrer eine kleine Gruppe aus vier Karateschülern, denen ich mich anschloss. Leider hatte ich nicht lange Freude an meinem Training, weil mein Karatelehrer die Öffnung der Grenzen dazu nutzte, sich in den westlichen Teil der neuen Bundesrepublik abzusetzen. Da wir keinen adäquaten Karateausbilder in der näheren Umgebung finden konnten, löste sich unsere Gruppe auf, und ich musste erneut auf die Suche gehen, um eine geeignete Kampfsportart für mich zu finden. Durch einen Zufall bemerkte ich ein kleines Fitnessstudio ganz in der Nähe meines Betriebes, in dem ich meine Arbeitsstelle nach dem Austritt aus der Armee gefunden hatte. Nach Arbeitsschluss ging ich eines Tages an diesem kleinen Fitnessstudio vorbei, um nachzusehen was dort an Sportarten angeboten wird. Ein Kung Fu Lehrer aus Berlin unterrichtete in diesem Studio übergangsweise eine Gruppe von Studiomitgliedern. Ein Werbeflyer, auf dem stand, dass dieser Kung Fu Lehrer demnächst in der Stadt Bernau eine eigene Kampfsportschule eröffnen möchte, weckte meine Aufmerksamkeit. Ich nahm einen Werbeflyer an mich, um den Termin für die Eröffnung nicht zu versäumen. Leider hinderten mich gesundheitliche Gründe dann daran, den Eröffnungstermin wahrzunehmen. Die Operation meines Handgelenks hatte sich in den Weg gestellt, und es würde ohnehin Wochen dauern, ehe ich an einem Kampfsportkurs teilnehmen könnte. Im Mai 1990 war die Gesundung meines Handgelenks weitestgehend überstanden, und ich machte mich auf den Weg, um mein Vorhaben, an einem Kampfsportkurs teilzunehmen, wieder aufzunehmen. Mittlerweile befand sich die Kampfsportschule, wie angekündigt, in der Lohmühlenstraße in der Stadt Bernau und wurde von Interessenten schon reichlich besucht. Die 90er waren großartige Jahre, um die Menschen in den neuen Bundesländern für die asiatischen Kampfkünste zu faszinieren. Die Möglichkeit, sich in den Videotheken Kampfsportvideos auszuleihen, gab dem kommenden Boom nochmal einen richtigen Schub.

In der noch spartanisch eingerichteten Kampfsportschule wurde bei meinem Erscheinen schon kräftig trainiert. Begeistert schaute ich mir das disziplinierte Training der anwesenden Schüler an. Der Schweiß in den Gesichtern der Trainierenden verriet, wie anstrengend die kräftezehrenden Übungen waren.
Die Bewegungen, denen ich zu folgen versuchte, waren mir nicht unbekannt, da wir beim Karate ähnliche Bewegungsabläufe hatten, doch die hier waren flüssiger, dynamischer und eleganter als die mir bekannten Abläufe.

Ich war von dem Training so fasziniert, dass ich gleich nach einem Probetraining einen Vertrag für meine Mitgliedschaft unterschrieb. Von diesem Tage an besuchte ich jeden Mittwoch und Freitag das Training in der Kampfsportschule. Damals wusste ich noch nicht, was das Training für mein weiteres Leben bedeuten würde, und so setzte ich mir wie jeder andere Trainingskamerad meine Etappenziele. Wie es in den Budokünsten Tradition war, versuchte ich mich von Gurtprüfung zu Gurtprüfung durchzukämpfen, und es war mein Ziel, eines Tages den berühmten „Schwarzen Gürtel" zu erreichen.

Bis auf die Tatsache, dass mich meine Arbeit auf der Baustelle so gelenkig wie eine Brechstange machte, bereitete mir das Training keine wesentlichen Schwierigkeiten. Kraft besaß ich sowieso, und die verlorene Kondition erlangte ich schon nach kurzer Zeit zurück. Nur an der Beweglichkeit und der Dynamik haperte es noch ein wenig. Mein Ehrgeiz trieb mich förmlich voran, alles was mir besonders schwer fiel, bekam meine höchste Aufmerksamkeit.

Was andere fertigbringen, dazu müsste doch auch ich in der Lage sein. Also trainierte ich verbissen die Bewegungen, die ich der Trainingsstunde erlernt hatte, bis ich einigermaßen zufrieden war.

Auch ich gehörte zu jenen Kampfsportlern, die alles, das sich als Lehrmaterial anbot, studieren zu wollen. Also ging ich ebenfalls, wie viele andere Kampfsportler, in die Videothek und lieh mir die verschiedensten Kampfsportvideos aus. So wie mich Mitte der siebziger Jahre die Rebellen vom Liang Shan Po faszinierten, und ich davon träumte, wie sie durch die Bäume zu fliegen, so faszinierten mich in den neunziger Jahren Schauspielgrößen wie Steven Segal, Jean-Claud Van Damme oder Chuck Norris. Diese Schauspieler, die auch erfolgreiche Kampfsportler waren und sind, trieben mich dazu an, noch intensiver zu trainieren. Ich wollte unbedingt werden wie sie.

Mein Wille zu erreichen, was ich mir vorgenommen hatte, half mir in rasanter Geschwindigkeit, einen Erfolg nach dem anderen verzeichnen zu können. Nach bereits drei Jahren harten Trainings erreichte ich die Stufe eines Schwarzgurtes, den 1. Dan, und schon lange nicht mehr waren Schauspieler meine Vorbilder, sondern es wurde mein Meister und Lehrer, bei dem ich trainierte. Zwei weiter Jahre später trug ich bereits 1995, nach etwa fünf Trainingsjahren, den 3. Dan. Die Jahre von 1990 bis 1995 war eine erfolgreiche Zeit für mich. Jede erdenkliche freie Minute beschäftigte ich mich damit, meine erlernten Techniken zu verfeinern und zu perfektionieren. Durch meinen unbändigen Fleiß beim Training und den umsichtigen Umgang mit anderen Kampfsportlern, bekam ich ein hohes Maß an Vertrauen von meinem Meister und von den anderen Schülern. Oft hatte ich die Möglichkeit, als Vertretung für meinen Meister die Trainingsgruppen zu unterrichten.

Der Ansturm von neuen Schülern war so groß, dass noch mehr Trainingstage in unserer Kampfkunstschule eingerichtet werden mussten und neue Trainingsgruppen in Berlin aufgebaut wurden. Die Nachfrage, dass Interessenten asiatische Kampfsportarten kennenlernen wollten, war enorm hoch. Überall in der neuen Bundesrepublik entstanden neue Kampfsportschulen und Gruppen.

Die asiatischen Kampfkünste waren in aller Munde, und es schien, als würde es nichts anderes geben. Es fanden viele Wettkämpfe statt und zahlreiche Seminare wurden durchgeführt. Durch die Vielzahl an Besuchern und Wettkampfteilnehmern drohten die Veranstaltungen aus allen Nähten zu platzen. Jede Kampfsportgröße, die gerade zugegen war, nutzte die Gelegenheit, sich zu präsentieren. Die Anreise der Shaolin-Mönche aus China und die Darbietung ihres Könnens bildeten den absoluten Höhepunkt für jeden Kampfsportler. Es war eine unglaublich faszinierende, interessante, turbulente und aufregende Zeit zugleich. Noch heute ziehe ich aus der energiereichen Epoche der 90er Jahre, meine Motivation für zukünftige Unterrichtsstunden.

Während dieser Zeit habe ich viel über die traditionellen, asiatischen Kampfkünste gelernt, aber noch viel mehr habe ich über mich selbst erfahren. Ich habe gelernt, zwischen den Zeilen zu lesen, habe erkannt, dass nicht alles so aussieht, wie es den Anschein hat. Ich habe versucht, nicht nur das Offensichtliche zu sehen, sondern das, was sich in der Verborgenheit versteckt und unsichtbar ist, zu erkennen. Meine tiefe Verbundenheit mit den asiatischen Kampfkünsten und deren Traditionen veranlasste mich dazu, andere Denkstrukturen zu erlernen. So wie sich die alten Meister damit beschäftigten, die Geheimnisse unserer Welt zu erforschen, war ich ebenfalls auf der Suche, jene Geheimnisse für mich zu lüften, die mir begegneten. Alles was mich umgab, versuchte ich zu analysieren, und zu verstehen, warum das ist wie es ist. Ich wurde zu einem nachdenklichen Menschen. Sehr oft ertappte ich mich dabei, dass ich an einem falschen Platz oder Ort nach Antworten suchte, denn die meisten Antworten fand ich nicht außerhalb von mir, sondern tief in mir vergraben. Umso mehr ich über mich selbst erfuhr, umso mehr begriff ich das, was mich umgab. Ich änderte also die Taktik meines Denkens, wenn ich mich in die Situation eines anderen Menschen versetzen musste, versuchte ich zu erforschen, wie ich mit dieser Situation umgehen würde. Die größte Herausforderung dabei war, die unterschiedlichsten Gefühle wie zum Beispiel Angst, Freude, Hass, Wut, Übermut oder sogar die Hinterhältigkeit der anderen zu erkennen, um diese dann in die richtige Bahn lenken zu können. Die Kampfkunst lehrte mich aber auch noch ein anderes Denken, nämlich zu Denken wie ein Krieger. In der heutigen Zeit benötigt man ein ausgeprägtes Selbstbewusstsein, um den täglichen Gefahren trotzen zu können. Leider konnte ich mich nicht immer vermeintlichen Situationen entziehen, für die mein kriegerisches und taktisches Denken notwendig wurde. Oft hatte ich meine Schlachten gewonnen und selten verloren. Mir ging es in meinen Schlachten nie darum, als Sieger hervorzugehen, sondern um den Kampf selbst und um die Tatsache, dass jeder verlorene Kampf auch ein Sieg für mich war. Ich versuchte aus meinen Fehlern zu lernen, so dass ich bei einer nächsten Schlacht nicht denselben Fehler machte.

All das erworbene Wissen und meine Erfahrungen wollte ich nicht für mich behalten. Ich entschloss mich dazu, sie weiterzugeben. Am 3. Juli 1995 kündigte ich meinen Job aus gesundheitlichen Gründen bei der letzten Baufirma, bei der ich arbeitete, zum 14. August 1995.

Schon lange waren es nicht mehr nur das Handgelenk und die Knie, die mir Schwierigkeiten bereiteten. Durch einen ständigen Magenschmerz, der mich zusätzlich plagte, bestand der Verdacht auf ein Magengeschwür. Er bestätigte sich Gott sei Dank nicht und es waren nur stressbedingte Magenschmerzen. Es wurde also Zeit, neue Wege zu gehen.
Meine Kündigung gab ich nicht unvorbereitet bei meinem letzten Arbeitgeber ab. Ich hatte mir bereits im Vorfeld Gedanken darüber gemacht, wie es mit meiner Zukunft weitergehen sollte.

Im August 1995 beschloss ich, eine eigene Kampfkunstschule zu eröffnen und meinen Lebensunterhalt als freiberuflicher Kampfkunstlehrer zu verdienen. Somit war ich auch der erste Schüler meines Meisters, der den Weg der Kampfkunst auf professioneller Ebene beschreiten wollte. Mein Meister hob mich in den Rang eines Instructors (Ausbilder) und genehmigte mir, in eigenen Unterrichtsräumen seine Kampfkunst zu unterrichten. Mit einem Teil meines ersparten Geldes fing ich damit an, in einem Fitnesscenter in Bernau einen eigenen Unterrichtsraum auszubauen. Die Bauarbeiten dauerten bis zum September 1995 an. Doch schon während der Bauarbeiten meldeten sich die ersten Interessenten und zur Eröffnung im Oktober 1995 hatte ich bereits meine ersten drei Schüler. Zwar hatte ich aus eigenen finanziellen Mitteln meine erste Schule aufgebaut, aber da ich noch nicht offiziell selbständig war, lief meine Schule mit den abgeschlossenen Verträgen noch über den Namen meines Meisters.

Ab dem Tag meiner Kündigung nutzte ich die Zeit dafür, mich auf meine Selbständigkeit vorzubereiten. Neben meiner Anmeldung beim Finanzamt waren noch andere wichtige Vorbereitungen zu treffen, die ich für den Eintritt in die Selbständigkeit treffen musste, wie zum Beispiel die formelle und offizielle Übergabe meiner Schule. Nach den Angaben meines Meisters sollte die Übergabe kein Problem sein und völlig zwanglos über die Bühne gehen. Ich verließ mich auf das Wort meines Meisters und kümmerte mich um meine letzten Vorbereitungsmaßnahmen. Nachdem ich alles in Sack und Tüten glaubte, änderte sich im Januar 1996 die Meinung meines Meisters. Als hätte er darauf gewartet, bis meine Maßnahmen für den Eintritt in die Selbständigkeit abgeschlossen sind, witterte er wahrscheinlich schon die Möglichkeit, ein gewinnbringendes Geschäft mit mir machen zu können. Wie aus heiterem Himmel war die von ihm dargestellte Zwanglosigkeit nun plötzlich ein notwendiges Geschäft geworden. Ich müsse ja schließlich verstehen, dass ich nun hauptberuflicher Kampfkunstlehrer sei, dass meine Unterrichtsräume ja von ihm angemietet wären, und dass ich für eine Art Lizenz bezahlen müsste, um seine Kampfkunst unterrichten zu dürfen. Weil er ja ein so großes Herz hätte, würde er mir entgegenkommen und nur 37.500 DM von mir haben wollen. Auf meine Frage hin, warum ich nochmal für meine Schule bezahlen solle, antwortete er nur, dass ich mit seiner Forderung nicht den materiellen, sondern den immateriellen Wert der Schule erwerben würde. Wenn ich mit seinem großzügigen Angebot nicht einverstanden sei, wäre da noch die Möglichkeit, dass ich mir in einem anderen Ort eine

Schule aufbaue dürfte, aber die Lizenzgebühren müsste ich trotzdem entrichten. Zum ersten Mal in meiner Kampfsportlaufbahn war ich nicht nur maßlos enttäuscht vom Sinneswandel meines Meisters, sondern ich stellte seine Glaubwürdigkeit für die Zukunft in Frage. Darüber hinaus sah ich nicht ein, dass ich ihm meine Unterrichtsräume, die ich von meinem Geld aufgebaut hatte, und meine abgeschlossenen Verträge, die zwar auf seinem Namen liefen, kostenlos überlassen sollte. Ich ließ mir meine Enttäuschung nicht anmerken und willigte in den ersten Vorschlag meines Meisters ein. Jedoch war mir eins klargeworden. Hinter dem Menschen, den ich glaubte zu kennen, steckte ein Mensch mit anderen Absichten als denen, die er vorgab zu haben. Und eins ist mir noch klar geworden. Ich werde den Weg meines Meisters nicht mitgehen wollen, denn ich habe andere Vorstellung von dem, wie ich mit meinen Schülern umgehen möchte. Die Beziehung, die ich anstrebe, soll keine Brieftaschenbeziehung, sondern eine vertrauensvolle Beziehung zwischen Lehrer und Schüler werden.

Da ich kein Kapital in der geforderten Höhe besaß, um meine Schule ein zweites Mal bezahlen zu können, und mein Meister auf eine Anzahlung von 5.000 DM wertlegte, nahm ich bei einer Bank ein Förderdarlehen über die restlichen 32.500 DM für Existenzgründer auf. Bis zur vollständigen Bezahlung des geforderten Betrages würde die Schule jedoch noch das Eigentum meines Meisters bleiben, und weil er ein so großes Herz hatte, würde er bis zum offiziellen Termin für meine Selbständigkeit, den 21. Juni 1996, auf die Zahlung der Lizenzgebühren in Höhe von 150,00 DM monatlich verzichten.

Am 21. Juni 1996 war es dann soweit, in gewohnter Manier zelebrierte mein Meister eine Übergabe nach chinesischer Tradition. Neben einem Drachentanz wurde auch das Schulschwert übergeben, welches die Kampfkunstschule vor dem Bösen beschützen und die Schule reinhalten soll. Das für diesen Tag geplante Schauspiel fand in der Form eines „Tages der offenen Tür" statt. Neben den geladenen Gästen aus der Kampfkunstschule waren noch andere zahlreiche Gäste erschienen, die mit einem Programm aus der Kampfkunstausbildung unterhalten werden wollten. Während sich die Gäste amüsierten und nichts davon ahnten, unter welchen Umständen die Schule übergeben wurde, versuchte ich mich mit vermeintlich guter Laune zusammenzureißen und ließ den Tag über mich hergehen.

Einerseits freute ich mich darüber, endlich meine eigene Schule zu besitzen, aber andererseits wusste ich nicht so recht, was ich mit dem gebrochenen Vertrauen zu meinem Meister anstellen sollte. Nach mehreren Tagen der Überlegung kam ich zu dem Entschluss, dass ich mich maximal noch bis zum 5. Dan von meinem Meister unterrichten lassen wolle. Es fiel mir schwer, am Unterricht meines Meisters teilzunehmen, weil er mir nicht mehr die nötige Glaubwürdigkeit vermitteln konnte. Alles, was er uns im Unterricht versuchte beizubringen, hörte sich höhnisch an, weil es das blanke Gegenteil war von dem, was er wirklich dachte. Für meinen Meister war der Kampfsportboom in den 90er Jahren nur ein lukratives Geschäft mit dem Bestreben, die folgsamen und dummen Schüler ausbeuten zu können.

Das gelang ihm auch vortrefflich, denn wer ihn nicht kennengelernt hatte so wie ich, der wurde von ihm so manipuliert, dass man ihm bedingungslos folgte. Auch ich war anfangs einer von vielen, bei dem seine Manipulation funktionierte. Die folgenden Jahre beschäftigte ich mich damit, noch so viel wie möglich zu erlernen und nahm an jedem Seminar teil, das sich mir bot, um so viel Wissen zu erlangen und Techniken zu bekommen, wie möglich war. In den folgenden Jahren nahm ich schon an vielen kleineren Wettkämpfen teil, ab 1997 konzentrierte ich mich zusätzlich noch auf die größeren Wettkämpfe, um auch auf diesem Gebiet umfangreiche Erfahrungen zu sammeln. Angefangen hatte ich mit unzähligen deutschen Wettkämpfen. 1998 startete ich dann bei den Europameisterschaften, und 1999 bei den Weltmeisterschaften in Seoul in Korea durch. So konnte ich nicht nur mit meinen Erfahrungen aus unzähligen Wettkämpfen, sondern auch mit vielen Titeln als Deutscher Meister, Europameister, und mit meinem größten Erfolg, als Vize-Weltmeister aufwarten.

Meine Weltmeisterschaft 1999 in Korea.

Um als ein erfahrener Kampfkunstlehrer hervorzugehen, waren für das Unterrichten von Schülern solche Erfahrungen von Vorteil. Physisch und psychisch befand ich mich in Bestform. Im Jahr 2000 wollte ich an der Weltmeisterschaft, die in diesem Jahr in Deutschland stattfinden sollte, ein letztes Mal teilnehmen, und mich dann von der aktiven Wettkampfteilnahme zurückzuziehen. Irgendwann kommt jeder Kampfkünstler zur Erkenntnis, dass es Zeit wird, sich zurückzuziehen, um jüngeren Kämpfern die Wettkampffläche zu überlassen. Immerhin war ich bereits 35 Jahre alt und auf vielen Wettkämpfen zählte ich schon zum alten Eisen. Trotzdem sagte ich mir, ein letztes Mal noch und dann ist aber Schluss. Viele Wochen vor dem Wettkampf konzentrierte ich mich auf ein hartes Training für die Weltmeisterschaft 2000 in Deutschland. Wie das Leben eben so spielt, hatte dieses anscheinend etwas anderes mit mir vor. Bei einem Samstagstraining fing mein linkes Knie an, empfindlich zu schmerzen, und weil ich nicht übertreiben wollte, brach ich für diesen Tag das Training ab. Ich packte meine Sporttasche zusammen und fuhr aus Berlin wieder nach Hause. Als ich zu Hause angekommen war, ruhte ich mich erst ein paar Minuten aus, weil ich auch während der Autofahrt beim Kuppeln in meinem Knie einen stechenden Schmerz verspürt hatte. Nach einer Weile schien sich das Knie wieder beruhigt zu haben. Da sich in meiner Sporttasche noch die verschwitzten Trainingssachen befanden ging ich in die Hocke, um die Sachen aus der Tasche zu nehmen. Als ich mich wieder aufstellen wollte, brach mein Knie zur linken Seite weg und ich stürzte zu Boden.

Ein unerträglicher Schmerz schoss durch meinen Körper, und ich hatte das Gefühl, jeden Moment ohnmächtig zu werden. Tief durchatmend schaute ich auf mein linkes Bein und sah, dass mein Knie ausgekugelt war. Unter höllischen Schmerzen versuchte ich, mein Knie wieder in die richtige Stellung zu bringen. Gott sei Dank wohnte im Haus ein Rettungssanitäter, mit dem ich im guten Kontakt stand.

Mit meinem Handy, das ich neben mir aus der Tasche nahm, rief ich meinen Nachbarn, den Rettungssanitäter an. Es müssen nur wenige Sekunden vergangen sein, als er bereits durch die offene Terrassentür kommend neben mir stand. Nachdem er fragte, was passiert sei, und ich ihm die Situation geschildert hatte, half er mir auf, um mich auf einen Stuhl zu setzen und rief anschließend einen Krankenwagen. In der Rettungsstelle Bernau wurde vom Arzt auf dem Röntgenbild der komplette Abriss meines Innenmeniskus erkannt. Zudem war das Knie enorm angeschwollen, weil sich viel Blut dort angesammelt hatte. Neben der Tatsache, dass der Arzt das Knie punktieren musste, um das angesammelte Blut abzusaugen, war nun auch noch das andere Knie dran operiert werden zu müssen. Wieder einmal wurde mir bewusst, dass ich hätte auf meine innere Stimme hören sollen, als sie mir sagte, dass ich mit den Wettkämpfen Schluss machen sollte. Eine Operation im Krankenhaus lehnte ich ab, und wählte lieber die Option, mit Schmerzmitteln ein paar Tage durchzuhalten, um mich dann von meinem Arzt operieren zu lassen, der auch mein anderes Knie schon operiert hatte. Nach meiner ärztlichen Versorgung in der Rettungsstelle wurde ich von meinem Nachbarn abgeholt und wir fuhren wieder nach Hause. Am frühen Abend rief ich meinen Meister an, um ihn zu bitten, mir die Startgebühr für die Weltmeisterschaft zurückzugeben die ich ihm am Vormittag desselben Tages ausgehändigt hatte. Ich erklärte ihm, dass ich mir beim Training das Knie verletzt hatte und wegen einer Operation nicht am Wettkampf teilnehmen könnte. Obwohl nur wenige Stunden vergangen waren, erzählte mir mein Meister, dass er mir das Geld nicht zurückgeben könne, da er es angeblich schon weitergeben hatte. Davon abgesehen, dass ich die schnelle Geldweiterleitung für unwahrscheinlich hielt, dafür kannte ich meinen Meister zu gut, schenkte ich seinen Aussagen ohnehin keinen Glauben mehr. Unerfreuliche Erfahrungen hatte ich in der Vergangenheit bereits genug mit ihm gemacht. Doch ohne einen Verdacht äußern wollen, bekam ich ein weiteres Mal das Gefühl, mächtig enttäuscht und verarscht geworden zu sein. Immerhin handelte es sich um ein paar Hundert DM, die mir verloren gegangen waren, wofür ich lange gespart hatte. Es war schon ein wenig deprimierend, denn nicht nur das Geld war futsch, sondern auch die letzte große Möglichkeit, meine Wettkampfkarriere erfolgreich zu beenden. Während meiner Krankheit hatte ich viel Zeit gehabt, über meine Zukunft in der Kampfkunst nachzudenken. Wiederholt musste ich gegen meinen inneren Schweinehund kämpfen, und mir sagen, dass ich unbedingt durchhalten musste.

Ein knappes halbes Jahr dauerte es, ehe mein Knie weitestgehend einsatzbereit war. Zum Glück hatte ich schon fortgeschrittene Schüler, die meinen Unterricht in Vertretung führen konnten, um mich ein bisschen zu entlasten. Nicht das ganze Jahr 2000 war mit unglücklich verlaufenden Vorfällen behaftet. Die Kampfsportmesse in Unna war an einem Tag im Oktober 2000 nochmal eine Veranstaltung, an die ich mich gerne zurückerinnere. Es war schon immer ein Traum von mir, jene Kampfsportgrößen kennenzulernen, die ich einst bewunderte.

Zwar waren nicht die Personen vor Ort, die ich erhoffte anzutreffen, dennoch machte ich Bekanntschaft mit dem Schauspieler und Kampfkünstler Don The Dragon Wilsen, um nur einen zu nennen.
Mein Meister musste bemerkt haben, dass ich nicht gut auf ihn zu sprechen war, und ich hatte das Gefühl er

würde einen Versuch starten wollen, um mich milde zu stimmen. Ich wurde von ihm in ein Amt befördert, dessen Bezeichnung ich nicht nennen möchte. Jedenfalls bekam ich die ehrenvolle Aufgabe, als erfahrener Kaufmann seinen Instructoren bei den unterschiedlichsten Angelegenheiten helfend zur Seite zu stehen, und als Vertrauter des Meisters in der sogenannten Kampfsportakademie an den Samstagen die Schwarzgurte zu unterrichten. Davon abgesehen, dass die Schwarzgurte schon lange vorher von mir jede Unterstützung bekamen, die sie brauchten, nahm ich die Beförderung an, denn zu diesem Zeitpunkt wäre es unklug von mir gewesen, sie abzulehnen. Wie ein jedes Jahr einmal zu Ende gehen muss, näherte sich auch das Jahr 2000 dem Ende. Das Jahr 2000 war für unseren Kampfsportbund ein erfolgreiches und besonderes Jahr. Und Kraft meines Amtes wurde mir die Aufgabe übertragen, eine große und abschließende Budogala zu organisieren, zu der alle Schulen unseres Kampfkunstbundes herzlich eingeladen wurden. Da meine Aufgabenstellung klar war, machte ich mich an die Arbeit. Für eine unvergessliche Veranstaltung mietete ich die Statthalle in Bernau an. Um das leibliche Wohlergehen kümmerte sich ein Catering aus der Umgebung. Die unterschiedlichsten Kampfkünstler aus anderen Schulen hatte ich eingeladen, um eine Vorführung ihres Könnens zu demonstrieren, so dass sich das Programm noch etwas bunter gestalten ließ. Rundum war ich sehr zufrieden mit meiner Organisation und die Gala wurde tatsächlich zu einem unvergesslichen Tag. Zumindest für mich. Mein Meister brachte es wieder fertig, sich in seiner selbstherrlichsten Art und Weise darzustellen, und sich in einer Form zu feiern, als gäbe es keinen besseren Menschen auf dieser Welt. Auf der Bühne in der Stadthalle schilderte er seine Bemühungen, die er investierte, um das zu erreichen, wo wir uns an diesen Abend befanden. Allen erfolgreichen Wettkämpfern des Jahres 2000 wurde noch einmal für ihre Leistungen gratuliert und zum Dank wurde ihnen eine Ehrenurkunde ausgehändigt. Nur so am Rande wurde bemerkt, dass ich bei der Vorbereitung der Gala sehr hilfreich gewesen sei, und dass er sich auch dafür bedanken möchte. Ich musste tief Luft holen, um nicht aus den Anzug zu springen. Den Rest des Abends versuchte ich eine freundliche Miene zum bösen Spiel zu machen.

Nach einer unruhigen Nacht traf ich eine wichtige Entscheidung für mich. Ich hielt diese Farce einfach nicht mehr aus. Das ganze Getue der Selbstbelobigungen, und die falschen Spiele meines Meisters gingen mir so richtig auf die Nerven. Anders als angedacht, noch bis zum 5. Dan durchzuhalten, entschloss ich mich jetzt doch dazu, diesem Vorhaben ein früheres Ende zu bescheren. Zur nächsten Unterrichtsstunde legte ich meinem Meister die Kündigung zu meinem Unterrichtsvertrag vor. Das Einzige, was ihm dazu einfiel, war, dass ich aber die Verträge seiner Lebensgefährtin aushändigen müsse.

Zu diesem Thema sei bemerkt, dass ich der Lebensgefährtin meines Meisters, die ebenfalls Unterricht gab, die Möglichkeit gab, in meiner Schule spezielle Frauengruppen aufzubauen und diese zu unterrichten. Auf diese Weise hatte sie sich 50% der Einnahmen aus diesen

Gruppen dazu verdient. Die Verträge jedoch liefen alle unter meinen Namen, weil es meine Schule war.

Im Grunde gab ich meinem Meister dieselbe Antwort auf seine Frage zu den Verträgen, wie er sie mir einst gegeben hatte, als er mir meine Schule verkaufte, die ohnehin schon von mir bezahlt war. Wenn er die Verträge haben möchte, müsste er mir die Verträge abkaufen, und einen ideellen Wertausgleich leisten. Mit dieser Antwort hatte er wohl nicht gerechnet, denn er schaute mich nur entgeistert an. Nach einem Augenblick der Besinnung entgegnete er mir, was mir einfallen würde, so respektlos mit ihm zu reden. Ich antwortete nur kurz zurück, dass ich mit ihm so redete, wie er es verdient hätte. Wenn er mit Respekt behandelt werden wolle, müsse er sich mir gegenüber so verhalten, dass ich ihm auch den nötigen Respekt leisten könne. Zum Abschluss des kurzen Gespräches teilte ich noch mit, dass ich nur den ursprünglich festgelegten Beitrag im Vertrag von 45 DM monatlich bis zum Ablauf des Vertrages zahlen würde und nicht die Lizenzgebühren von 150 DM monatlich.
Für meinen ehemaligen Meister musste meine Entscheidung ein herber Schlag gewesen sein, denn der finanzielle Verlust, den er durch mein Ausscheiden aus seiner Organisation erlitt, war nicht gerade unerheblich. Neben den monatlichen Lizenzgebühren, die ich entrichtete, hatte er noch Einnahmen aus den Jahresgebühren der abgeschlossenen Verträge. Hinzu kamen noch die Einnahmen aus dem Verkauf von Kampfsportanzügen, die Einnahmen von Prüfungsgebühren und Seminargebühren.

Er hatte aus allem Kapital geschlagen, was im Zusammenhang mit seinem Lizenzvertrieb stehen könnte, während ich versuchte, Monat für Monat über die Runden zu kommen. Er kam sogar auf die grandiose Idee, mir eine Brandschutzversicherung verkaufen zu wollen, denn schließlich müssten die Schulen der Organisation vernünftig versichert werden. In meinem privaten Haushalt war ich bemüht, überflüssige Versicherungen abzustoßen und er versuchte, mir eine Brandschutzversicherung zu verkaufen. Wenn ich seine eigenen Worte benutzen würde, so würde er es als Kapitaleinnahmen aus seinem „Konzept" bezeichnen.

Einerseits hatte mir mein ehemaliger Meister durch sein Verhalten und Umgang mit mir meine Entscheidung leicht gemacht.

Andererseits jedoch hatte ich damit zu kämpfen gehabt, mein Wort brechen zu müssen für ein Versprechen, das ich mal gab. In den traditionellen Kampfkünsten gibt es sogenannte Schulregeln für die meisten Kampfkunstschulen. Diese Regeln waren und sind für mich sehr wichtig. Durch meine Entscheidung, die Organisation zu verlassen, musste ich ein abgegebenes Versprechen zurücknehmen. Diese Rücknahme meines Versprechens hatte mir anfangs zu schaffen gemacht, denn für mich gehörte die Einhaltung von Versprechen zu meinen Wertvorstellungen. Sie waren und sind sehr wichtig für mich, denn meine Wertvorstellung machte mich zu dem Menschen, der ich heute bin.

Am 1. Februar 2001 gründete ich meinen eigenen Kampfkunststil, und gab ihm den Namen „She-Kwan-Dao".

Neben den traditionellen Tierstilen der sieben Tiere wie Tiger, Adler, Drache, Schlange, Affe, Gottesanbeterin und Kranich entwickelte ich auch aus den unterschiedlichen Kampfsportarten, die ich kennengelernt hatte, eigene Hand- und Waffenformen (Bewegungsabläufe) sowie Partnertechniken. Vom ersten Tag an entwickelte ich ein umfangreiches Kampfkunstsystem, und bis zum heutigen Tag ist es mein Bestreben, meinen Kampfkunststil zu perfektionieren und weiter zu entwickeln. Die ersten Monate der Neugründung waren nicht einfach. Alles, was mit der alten Organisation in Verbindung gebracht werden konnte, musste ich abschaffen. Das Entwickeln einer Bewegungsform war die eine Sache, das Entstehen lassen einer neuen Kampfkunst nach außen hin war eine andere Sache. Als erstes fertigte ich neu Verträge an, die gegen die alten Verträge ausgetauscht wurden. Meine Schüler benötigten neue Kampfsportanzüge, da die Aufdrucke auf den alten Anzügen abgeschafft werden mussten, und ich meinen Schülern nicht zumuten wollte, viel Geld für neue Anzüge auszugeben, wurden die alten Schriftzüge mit neuen Schriftzügen überdruckt. Als letztes ließ ich neue Mitgliedsausweise anfertigen, um die Ausweise der alten Organisation austauschen zu können.

Dass die Umstellung eines neuen Kampfkunststils mit dem Entwickeln neuer Formen, und dem Ändern des Equipments nicht getan ist, war mir bewusst. Mir war auch klar geworden, dass ich nicht alle Schüler aus den Gruppen von der Lebensgefährtin meines ehemaligen Meisters halten könnte. Jedem dieser Schüler stellte ich frei, gehen zu können, weil sie vorher einen anderen

Lehrer als Bezugsperson hatten. Einige Schüler hatten kein Problem mit mir und sind geblieben. Der größte Teil jedoch kündigte und kehrte zu ihrem Lehrer zurück. Ich war niemandem für seine Entscheidung böse, erwartete jedoch von ihnen, den Vertrag ordnungsgemäß zu Ende laufen zu lassen, da sie schließlich bei mir unter Vertrag standen. Bezüglich der Kündigungen gab es keine Schwierigkeiten, und ich begann damit, mit den übrigen Schülern das bereits Erlernte gegen die neue Kampfkunst auszutauschen. Den meisten Schülern war es nicht schwer gefallen die neuen Bewegungsabläufe einzustudieren, doch den fortgeschrittenen Schülern merkte man es schon an, dass sie mit der Umstellung etwas mehr zu tun hatten.

Der größte Schritt war gemacht, und wenn da nicht der beleidigte ehemalige Meister wäre, dann würde ich in aller Ruhe meinen Unterricht führen und meine Schule leiten können. Mein ehemaliger Lehrer wollte unbedingt die beleidigte Leberwurst spielen, und versuchte durch ständige üble Nachrede mir das Leben schwer zu machen. Neben der Hetzerei in seiner Schule, wo er seinen Schülern erzählte, was für ein böser Mensch ich wäre, veröffentlichte er auch auf seiner Internetseite die eine und andere Hetzparole. Davon abgesehen, dass der Inhalt seiner Parolen peinlich war, konnten sich die meisten seiner Schüler nicht vorstellen, dass ich der Mensch sein sollte, als den er mich versuchte hinzustellen. Das dumme Gerede nervte zwar ein wenig, aber ich ließ mich nicht aus der Reserve locken und nach kurzer Zeit war die Hetzerei vorbei.

Es vergingen noch ein paar Monate bevor Gras über dieses Thema gewachsen war, und ich in aller Ruhe meine Schule leiten konnte. Noch heute beschäftige ich mich damit, die Kampfkunst des She-Kwan-Dao Kung Fu zu verfeinern und mit neuen Ideen zu bereichern. Keine meiner bisherigen Lebenserfahrungen hat meine Art Mensch zu sein dermaßen geformt wie das Sammeln von Erfahrungen auf den Weg der Kampfkunst. In meinen weiteren Erzählungen werde ich noch des Öfteren auf die Kampfkunst zurückgreifen.

Das Ende einer Ehe

Ich gehörte zu einer Minderheit Menschen, die dem Glauben anhingen, dass die Abgabe eines Versprechens bei der Eheschließung bis zum Tode gelten sollte. Ich war felsenfest davon überzeugt, dass meine Ehe wie Granit zusammenhält, und dass keine Kraft dieser Welt meine Ehe auseinanderreißen könnte. Eines Tages jedoch wurde ich eines besseren belehrt. Das Unvorstellbare geschah. Tatsächlich vermochte keine Kraft dieser Welt meine Ehe zu zerstören, die von außen wirkte, sondern es war die verheerende Zerstörungskraft, die aus dem Inneren der Ehe kam.
Es fiel mir äußerst schwer, dieses Kapitel zu schreiben, weil Erinnerungen an diese Zeit noch immer tiefe Wut und Verärgerung in mir hervorrufen. Es liegt mir fern, die Mutter meines Sohnes für ihre Entscheidung, die sie für sich getroffen hatte, zu verurteilen. Es war auch nicht ihre Verhaltensweise, die sie an den Tag legte, die ich verurteilen möchte. Es waren die mutwilligen Demütigungen, die sie mich ertragen ließ, und die boshafte Zerstörungswut an die Familie, die ich verurteilen möchte.
Jedes Scheitern einer Ehe trägt einen unterschiedlichen Charakter. Es gibt die einvernehmliche Lösung einer Trennung, wo beide Partner damit einverstanden sind. Es gibt aber auch die Variante der Trennung, wegen häuslicher Gewalt gegen den Partner.
Meine Variante steht eher in der Mitte der möglichen Trennungsvarianten. Als Außenstehender lässt es sich leicht sagen- Mensch hab dich nicht so, zeig mal ein biss-

chen Rückgrat und du musst doch auch an das Kind denken. Niemand, der das Scheitern einer Ehe und die mutwillige Zerstörung seiner Familie erfahren hat, würde je einschätzen können, wie man sich in dieser verzweifelten Lage gefühlt hat. Nach nunmehr 8 Jahren nach der Scheidung bin ich heute noch nicht in der Lage dazu, den Namen der Mutter meines Sohnes oder den Namen der Frau auszusprechen, mit der ich mein Leben teilen wollte. Man möge mir deshalb verzeihen, wenn ich in meiner Geschichte „von der Mutter meines Sohnes spreche".
Fast 25 Jahre meines Lebens verbrachte ich an der Seite des Menschen, der meine Wertvorstellung für den Zusammenhalt der Familie zerbrechen ließ. In meiner Geschichte, die ich nachstehend schreiben möchte, musste ich mit Entsetzen feststellen, wie sehr mich die Scheidung und die Zerstörung meiner Familie getroffen und verändert hatten. Noch lange nach der Trennung empfand ich abgrundtiefen Hass für die Mutter meines Sohnes und heute nur noch tiefe Verachtung. Viele Jahre benötigte ich noch dafür, den in mir aufgestauten Hass und die Verachtung in den Griff zu bekommen und in eine gesunde Bahn zu lenken. Wenn ich mich heute an diese Zeiten zurück erinnere, dann verspüre ich zwar die gleiche Verachtung wie die Jahre zuvor, aber ich kann damit viel entspannter umgehen. In meiner nachfolgenden Geschichte versuche ich meine Erfahrungen authentisch darzustellen. Daher ließ es sich nicht vermeiden, im Text in Gefühlsausbrüche zu verfallen, um meine Empfindungen bildhaft wiedergeben zu können. Den Umfang meiner Geschichte habe ich übrigens sehr kurz gehalten,

denn das was ich erleben musste, war viel umfangreicher. Auch nicht alle meine Gefühle und Empfindungen konnte ich umfangreich darstellen, weil ich diese nicht in Worte fassen konnte.

Bevor ich jedoch mit meiner Erzählung fortfahre, darf ich an dieser Stelle sagen, dass es auch schöne Zeiten in meiner ersten Ehe gab. Bis zur Geburt meines Sohnes Michael verlief alles sehr harmonisch. Obwohl die politische Wende in unserem Land schon den ersten Unmut aufkommen ließ, kamen die ersten wesentlichen Veränderungen in meiner Ehe nach der Geburt unseres Kindes ans Tageslicht. Ich möchte an dieser Stelle bemerken, dass ich in meiner Geschichte meinen Standpunkt des Scheiterns der Ehe darlege. Aus der Sicht der Mutter meines Sohnes mögen die Gründe anders dargestellt werden. Eine Redewendung besagt, dass immer beide Partner für das Scheitern einer Ehe verantwortlich seien. In meinem Fall würde ich das Zutreffen der Redewendung gerne verneinen wollen. Je mehr ich mich um ein Verständnis für die Gründe des Scheiterns meiner Ehe bemühte, umso mehr war ich davon überzeugt, dass dieses Scheitern nicht an mir gelegen haben konnte, obwohl die genannten Gründe zum Scheitern der Ehe von der Mutter meines Sohnes als Hauptgrund genannt wurden. In meinem Fall wollte ich das Versprechen, das ich zur Eheschließung gab, einhalten, und meine Ehe in guten Zeiten wie in schlechten Zeiten führen. Wenn sich für jene Frau, die ich einst liebte die Lebensumstände zum Negativen entwickelt hätten, dann hätte ich ohne wenn und aber an ihrer Seite gestanden.

Leider kam es andersherum und gesundheitliche Probleme hatten meine Lebensumstände negativ verändert. Zu jedem Zeitpunkt war ich bestrebt, trotz Einschränkungen, meinen Teil zur Ehe beizutragen. Leider oder zum Glück wie ich heute behaupten kann, war die Mutter meines Sohnes nicht bereit dazu, den zweiten Teil ihres Versprechens einzuhalten. Ihre Begründung zum Scheitern der Ehe war das Alibi dafür, weil sie sich nicht eingestehen wollte, dass der Grund ein ganz anderer war. Wenn ich bei den ersten Anzeichen schon geahnt hätte, was mit meiner Ehe passieren würde, dann wären notwendige Entscheidungen wahrscheinlich schon früher gefallen. Später ist man ja immer schlauer. Bis zur Geburt meines Sohnes verlief meine Ehe sehr harmonisch. Doch die ersten unbemerkten Anzeichen, die eine Veränderung in die Ehe brachten, zeigten sich kurz nach der politischen Wende in unserem Land im Jahre 1990. Die Mutter meines Sohnes Michael studierte bis 1991 an der Handelshochschule Wirtschaftsinformatik.

Zum Ende ihres Studiums wurde immer deutlicher, dass es schwer werden würde, einen geeigneten Arbeitsplatz für sie zu finden. Bald stellte sich heraus, dass wir mit unseren Vermutungen recht behalten sollten. Mit der politischen Wende kam auch die wirtschaftliche Wende in unserem Land. Die eigenen Arbeitskräfte waren nicht gefragt oder wurden durch „sogenannte" erfahrene Fachkräfte aus dem westlichen Teil unserer „neuen" Republik ausgetauscht. Wie zu erwarten war, fielen auch wir durch dieses Raster. Um einen geeigneten Arbeitsplatz zu finden, bereisten wir auch die alten Bundesländer, um Einstellungsgespräche zu führen, die der Fachrichtung eines Wirtschaftsinformatikers entsprachen. Nach dem etliche Versuche fehlschlugen, entstanden die ersten Gemütsschwankungen und die Mutter meines Sohnes stellte sich die Frage, wofür sie die vielen Jahre studiert hatte. Da die Erfolgsaussicht in den alten Bundesländern sehr gering war, versuchten wir unser Glück in Wohnraumnähe und wurden fündig. Im April 1991 besetzte die Mutter meines Sohnes einen Arbeitsplatz bei der Handelsorganisation in Bernau und wechselte wenig später in die Verwaltung des Wohngeldamtes. Zwar hatte die Arbeit wenig mit ihrem erlernten Beruf zu tun, dennoch hatte sie nun einen Arbeitsplatz. Dass sie ihren Arbeitsplatz anfangs nicht sehr mochte, war ihr ständig anzumerken. Nach einer Weile hatte sie sich mit ihrer Arbeit arrangiert, und es schien so, als würde es auch recht gut laufen. Drei Jahre später, wurde am 12.02.1994 unser gemeinsames Kind Michael geboren. Ich beschrieb bereits im Vorfeld, wie die Geburt meines Sohnes verlaufen war. Die Wochenbettdepression der Mutter war ein erneuter Einschnitt in unserer Ehe. Das Kind, auf das wir uns gemeinsam gefreut hatten, wurde plötzlich als mein Wunschkind abgestempelt, und dass ich eigentlich daran schuld sei, dass sich jetzt so vieles geändert hatte. Vom Tag des 12.02.1994 an schien es kein glückliches Leben in unserer Ehe mehr zu geben. Die Entwicklung unseres Sohnes ging ihr nicht schnell genug und auch sonst hatte sie sich alles ganz anders vorgestellt. Hinzu kamen bei ihr extreme Existenzängste. Immer wieder betonte sie, dass wir es uns nicht leisten könnten, dass einer von uns zu Hause bleiben könne, um sich um das Kind zu kümmern.

So wurde, nach dem die Wochenbettdepressionen überstanden waren, unser Kind bei einer Tagesmutter untergebracht, so dass die Mutter wieder arbeiten gehen konnte. Etwas mehr als ein Jahr später entschloss ich mich dazu, meinen Job bei meiner letzten Baufirma zu kündigen. Zu viele gesundheitliche Probleme zwangen mich dazu, diese Entscheidung zu treffen. Meine damalige Entscheidung traf nicht unbedingt auf Gegenliebe. Es gab einen Grund mehr für die Mutter unseres Sohnes, noch mehr Existenzängste zu schüren. Schon damals ließ sie indirekt das erste Mal durchblicken, dass sie nicht alleine für den Unterhalt der Familie aufkommen möchte.

Als ich dann noch auf die Idee kam, mich selbständig zu machen, brach für sie eine Welt zusammen. Ewig wurde darüber diskutiert, wie wir das alles schaffen sollten, wenn nur einer arbeiten geht. Nie hatte sie ein Wort darüber verloren, dass ihr etwas an die Erhaltung meiner Gesundheit läge, und dass wir das schon irgendwie schaffen werden. Oder so ähnlich. Sicher war mein Eintritt in die Selbständigkeit ein Sprung ins kalte Wasser, dennoch gab es nie einen Grund, die neuen Umstände so schwarz zu malen. Die negative Einstellung dem Leben gegenüber musste sie von ihrem Vater geerbt haben, denn der war auch nur ständig am Jammern. Dass sie mit meiner Entscheidung, in die Selbständigkeit zu gehen, nicht einverstanden war, stand außer Frage, und dass man sich über mein Vorhaben auch hätte unterhalten und abstimmen können, auch. Da ich diese Frau gut kannte, wäre aus diesem Gespräch ein deutliches „Nein" hervorgegangen, und da ihr das Geldverdienen wichtiger war als meine Gesundheit, hatte ich die Entscheidung für mich alleine getroffen. Zudem gab es zu keinem Zeitpunkt einen Anlass dafür, sich um die Zukunft zu sorgen, weil das Geld knapp werden würde. Im Grunde waren meine Selbständigkeit und ihr ständiges Gefühl, ein unsicheres Leben führen zu müssen, dafür verantwortlich, dass sich ihre unglückliche Einstellung zum Leben wie ein roter Faden durch die nachfolgenden Ehejahre zog. Meine Arbeit als selbständiger Kampfkunstlehrer versprach keine Einnahmen, die es zuließen, im Luxus leben zu können. Dennoch verdiente ich so viel, dass ich ausreichend zum Lebensunterhalt der Familie beitragen konnte. Niemals wäre sie auf die Idee gekommen, dass es Familien gibt, denen es viel schlechter ging als uns. Nicht dass behauptet werden konnte, dass es uns schlecht erging, jedoch war ihre Blickrichtung immer noch oben ausgerichtet. Schließlich lebten wir im zwanzigsten Jahrhundert und nicht im Mittelalter, so waren ihre Worte. Ihr Bruder Andreas war ihr Vorbild, wenn es darum ging, mal nachzusehen, wie man leben könnte, wenn das entsprechende Einkommen zur Verfügung stünde. Nie gab es ein Wort der Zufriedenheit, sondern nur einen Blick dafür, was man sich alles leisten könnte, wenn doch beide Ehepartner arbeiten gehen würden. Meine Tätigkeit als Kampfkunstlehrer wurde nie respektiert oder anerkannt, sondern nur als eine Tätigkeit gesehen, meiner Freizeitbeschäftigung nachzugehen. Von dem eigenen Ehepartner auf ein solches Minimum reduziert zu werden, war schon irritierend.

Als ich jedoch 3 Jahre später mit vielen Erfolgen aufwarten konnte, war sie plötzlich die stolze Ehefrau eines Kampfkunstlehrers.

Solange das Leben für sie positiv verlief, war alles in Ordnung. Meine Einnahmen aus der Kampfkunstschule konnten sich in der Entwicklung sehen lassen. Gerne wurde sich die eine oder andere Annehmlichkeit geleistet. Doch wehe es gab ein Jahr, in dem es mal nicht so gut lief, dann wurde sofort wieder darauf herumgehackt, wie unsicher mein Job wäre. Dass jede Selbständigkeit ein gewisses Risiko beinhaltet, versteht sich von selbst, aber wer kann schon behaupten, dass der Arbeitsplatz eines Arbeitnehmers von Dauer und sicher ist. Da wäre der Selbständige schon besser dran, denn der ist stets bemüht, seine Selbständigkeit aufrechtzuhalten und ist nicht von den Kündigungsdrohungen eines Arbeitgebers abhängig. Von solch einer Theorie wollte sie nichts hören. Tatsächlich gab es das eine oder andere Jahr, in dem es mit meiner Selbständigkeit nicht so gut lief. Die damit aufkommende Missstimmung war nicht das Resultat des schlechtlaufenden Jahres, sondern vielmehr die Tatsache, dass der momentane Lebensstandard angepasst werden musste, wo es einem doch gerade gut geht. Und schon standen die altbekannten Vorwürfe wieder an der Tagesordnung und es wurde gemeckert, was das Zeug hielt. Da ich nach wie vor bereit war, ständig zum Frieden in der Familie beizutragen, nahm ich den einen oder anderen Nebenjob an.
Um die Haushaltskasse nach den Vorstellungen der unglücklichen Frau aufzubessern, arbeitete ich auf geringfügiger Basis bei einem Bekannten in der Zimmerei. Auch als Komparse und Kleindarsteller hatte ich jahrelang gearbeitet, um etwas dazuzuverdienen. Selbst als Personenschützer hatte ich gearbeitet, der unter Umstän-

den viel Geld einbrachte. All meine Bemühungen waren vergebens, um diese Frau etwas glücklicher aussehen zu lassen. Selbst die Fahrt zur Arbeit mit dem Fahrrad nervte sie plötzlich. Nie hatte sie die Absicht geäußert, eine Fahrerlaubnis machen zu wollen, doch plötzlich war ich auch daran schuld, dass sie bei Wind und Wetter mit dem Fahrrad fahren musste, während ich mit dem Auto herumgondeln konnte. Auch die Tatsache, dass ich erst in den späten Nachmittagsstunden in meine Schule ging, um zu unterrichten, und somit tagsüber viel Zeit für unseren Sohn sowie für den Haushalt hatte, war ihr völlig entgangen. Wenn unser Sohn krank wurde, bin ich zu Hause geblieben, um mich um ihn zu kümmern. Wenn Michael nachts wach wurde, war ich derjenige, der ihn zur Ruhe brachte, weil sie ja am nächsten Tag zur Arbeit und ausgeschlafen sein müsse. Schließlich sei ich ja den ganzen Tag zu Hause und hätte nichts zu tun. Sehr oft hatte ich das Gefühl, dass sie keinen klaren Gedanken mehr fassen konnte und dass sie ihr ganzes Leben nur noch schwarz sah. Egal wie ich mich auch bemühte, es gab nichts, was sie hätte glücklicher machen können.

Was war nur passiert, dass sich der Mensch an meiner Seite so verändern konnte, mit dem ich früher jedes Problem besiegte? Irgendwann war sie der Meinung, dass wir nichts mehr Gemeinsames hätten, und dass wir uns etwas suchen müssten, was uns wieder stärker miteinander verbindet. Um diese Frau wieder etwas glücklicher sehen zu können, war ich mit dieser Idee einverstanden, und wir kamen gemeinsam zu dem Entschluss, dass sie eine Fahrerlaubnis machen wolle und ich eine Pilotenausbildung für Kleinflugzeuge.

Um nicht mit der Tür ins Haus zu fallen, behielt ich die Tatsache für mich, dass ihre Idee enorm viel Geld kosten würde, was wir ja angeblich nicht besäßen. Schon wenige Tage später meldete sie sich bei einer Fahrschule in Bernau und ich mich bei einer Flugschule in Strausberg an. Warum ich mich gerade für die Flugschule entschied?
1999 bereiste ich wegen der Teilnahme an den Kung Fu Weltmeisterschaften das Land Korea. Da ich zu diesem Zeitpunkt genauso „gerne" mit einem Flugzeug flog, wie ich „gerne" mit einem Dampfer über den Ozean fuhr, blieb mir keine andere Wahl, als in ein Flugzeug einzusteigen. Dass ich panische Angst vor dem Fliegen hatte, ließ ich mir nicht anmerken. Krampfhaft umklammerte ich beim Start des Flugzeuges mit meinen Händen die Armlehnen, ohne den Eindruck zu hinterlassen, diese gleich abzureißen. Mit dem Gefühl, dass mir kalter Schweiß auf der Stirn lag, schaute ich stur nach vorne und tat so, als wäre alles in bester Ordnung. Die Flugreise, die mit Zwischenlandungen fast einen Tag dauerte, war für mich ein Höllenflug, der mir wie eine Ewigkeit vorkam. Mich beruhigte lediglich die Tatsache, dass was in die Luft geht, auch irgendwann wieder runterkommen muss. Nur die Wettkämpfe in Korea lenkten mich davon ab, darüber nachzudenken, dass ich ja wieder zurück nach Deutschland fliegen musste, und so blieb mir ein wenig Zeit für eine geistige Entspannung. Entgegen meinen Befürchtungen war ich auf den Rückflug schon besser dazu in der Lage, meine Flugangst in den Griff zu bekommen. Vielleicht trug mein Wettkampferfolg in Korea dazu bei, mich entspannter zu fühlen. Während wir Stunde um Stunde durch die Nacht flogen, und es

mir am Tag gelang, einen ersten Blick durchs Fenster zu werfen, umso mehr kam ich in einen Zustand, die schöne Aussicht zu genießen. Bis zur Landung in Deutschland löste sich meine Flugangst erstaunlicherweise vollständig auf. Ich hatte tatsächlich meine Flugangst überwunden, und mehr noch, in mir kam der Wunsch auf, eines Tages selbst mal ein Flugzeug fliegen zu wollen.

Scheinbar war unser Vorhaben zumindest für eine Weile von Erfolg gekrönt. Um für meinen Sohn ständig da zu sein, fand meine Flugschule meistens an den Samstagen statt. Die Fahrschule, bei der sich Michaels Mutter anmeldete, stand im Verruf, dass ein gewisser Fahrlehrer lieber weibliche Fahrschülerinnen an seiner Seite hatte. Man muss ja nicht jeder Geschichte oder jedem Gerücht Glauben schenken, dennoch wurde der gewisse Fahrlehrer nur äußerst selten mit männlichen Fahrschülern gesehen.

Da es für eine Weile ziemlich ruhig in unserer Ehe zuging, versuchte ich angespannte Situationen zu vermeiden, die neue Konfrontationen auslösen konnten. Eine merkwürdige Verhaltensänderung, die ich vor kurzen an ihr feststellte, aber der ich keine weitere Beachtung schenkte, ließ sie etwas entspannter wirken. Jedes Mal, wenn sie sich für die Fahrschulstunden vorbereitete, hielt sie sich länger im Bad auf als gewöhnlich. Als ich sie mal fragte, für was sie sich so zurechtmachen würde, kam nur zur Antwort, dass sie ja schließlich ordentlich aussehen musste. Warum sie aber plötzlich damit anfing, sich zu schminken und eine andere Frisur tragen wollte, konnte ich zum Thema Fahrschule nicht nachvollziehen. Dabei gefiel sie mir so, wie sie war. Auch ohne sich zu schminken hatte sie eine natürliche Schönheit, die es nicht nötig hatte, daran etwas zu ändern. Bei der täglichen Hausarbeit bemerkte ich, dass sich auch der Stil ihrer Unterwäsche geändert haben musste. Beim Zusammenlegen der Wäsche entdeckte ich Dessous, die ich persönlich nie an ihr gesehen hatte. Um des Friedens willen sah ich auch hier davon ab, das plötzliche Auftauchen der neuen Unterwäschekollektion zu hinterfragen. Meine Naivität zu glauben, irgendwann würde sich schon alles wieder einrenken, und der Glaube daran, unsere Ehe sei noch immer unerschütterlich, machte mich blind für das, was vor mir lag. Tatsächlich aber lag das Ende einer Ehe vor mir, was ich bis zu diesem Zeitpunkt nicht wahrhaben wollte. Als die Fahrschule erfolgreich beendet wurde, wollte sie unbedingt ein eigenes Auto haben. Wieder stand ich vor dem Problem, ihr sagen müssen, dass wir nach ihren Aussagen ja viel zu wenig Geld hätten, und uns deshalb kein zweites Auto leisten könnten. Nachdem mein Vorschlag keine Fürsprache fand, dass sie auch das Auto nutzen könne, das wir bereits besaßen, um damit zur Arbeit zu fahren, gab ich auch an dieser Stelle nach. Gewissermaßen war ich an einem Punkt angelangt, an dem ich nicht mehr wusste, was ich noch tun könnte, um sie zur Vernunft zu bringen. Mitunter hatte ich sogar das Gefühl, dass ihre Vorgehensweise sogar beabsichtigt war. Wieder einmal gewann sie die Oberhand und wir erkundigten uns nach einem Zweitwagen. Das Autohaus, bei dem wir vorsprachen, konnte uns keinen Gebrauchtwagen anbieten, der

in monatlichen Raten abzuzahlen wäre. Nur beim Kauf eines Neuwagens wäre eine verträgliche Monatsrate machbar gewesen. Um die Kosten nicht in die Höhe zu treiben, verzichtete ich freiwillig auf einen Zweitwagen und wir gaben unser Auto in Zahlung. Die frischgebackene Verkehrsteilnehmerin war jedoch der Meinung, dass wir zwei Autos benötigten. Mit dem kleinem Auto, das sie sich aussuchte, wäre es unmöglich gewesen, in einen Familienurlaub zu fahren, und daher müsse noch ein zweites, größeres Auto her. Also kauften wir zwei Autos. Da sie alleine die Gesamtfinanzierung nicht stemmen konnte, nahm ich einen Kredit auf, um das größere Familienauto finanzieren zu können. Acht Wochen Wartezeit war für die Lieferung der neuen Autos geplant, aber zwölf Wochen wurden dann daraus.
Unser gemeinsamer Jahresurlaub war bereits mit dem neuen Auto geplant, und die Zeit bis zum Urlaub wurde immer knapper. Das Auto kam und kam nicht. Um mit unserem Auto, das bei der Lieferung der neuen Autos zum Verkauf bereitstehen musste, nicht mehr Kilometer fahren zu müssen, als wir noch durften, benutzten wir es nur sehr selten. Endlich kam die Nachricht, dass eins unser bestellten Autos geliefert wurde. Leider war es das kleinere Model, und ob die Lieferung des größeren Autos noch rechtzeitig stattfinden würde, konnte niemand sagen. Uns blieb also nichts anders übrig, als zu hoffen, dass es noch rechtzeitig eintreffen würde. Da wir unser altes Auto schon abgeben mussten, stand uns bis zur Lieferung des Größeren Autos nur das etwas kleinere zur Verfügung. Alles Hoffen half nichts, und wir waren gezwungen, unseren Jahresurlaub mit dem kleinen Auto zu

planen. In die Koffer wurde nur eingepackt, was wir wirklich benötigen würden. So sehr wie ich mich jedes Jahr darauf freute, in den Urlaub zu fahren, hielt sich meine Freude in diesem Jahr in Grenzen. Wie eine graue Wolkendecke am Himmel lag eine getrübte Stimmung auf meiner Seele. Am ersten Urlaubstag fuhren wir wie jedes Jahr auf der Landstraße nach Boltenhagen an die Ostsee. Wenn ich Urlaub hatte, wählte ich immer die Landstraße, um schon in den ersten Urlaubstunden die Erholung genießen zu können. Meistens unterhielten wir uns während der Fahrt, und berieten uns, was wir alles im Urlaub machen wollen. Doch in diesem Jahr lernte Michaels Mutter die Vorteile eines Mobilfunktelefons kennen. Die kommunikationslose Fahrt wurde nur durch das Eintreffen von SMS auf ihrem Handy unterbrochen. Da mir in der letzten Zeit auch noch unterstellt wurde, ich würde sie überprüfen wollen, weil ich sie gelegentlich anrief, um zu erfahren, warum sie noch nicht zu Hause sei, wollte ich gar nicht wissen, wer ihr ständig eine SMS schrieb. Dabei wollte ich doch nur wissen, ob es ihr gut geht, denn seit dem sie ihr neues Auto besaß, war sie stundenlang nach der Arbeit unterwegs, ohne sich zu melden.

In Boltenhagen angekommen, brachten wir als erstes unser Gepäck in die Urlaubswohnung. Fast zehn Jahre lang bezogen wir immer dieselbe Wohnung, weil wir diese so toll fanden. In diesem Jahr war es eine andere Wohnung, und es war nicht nur die Wohnung, die dieses Jahr anders war, es war der gesamte Urlaub, der anders war.

Nachdem wir unsere Koffer in der Wohnung hatten, wollte Michaels Mutter als erstes an den Strand gehen, jedoch wollte sie alleine dorthin gehen und nicht mit uns. 14 Tage lang glänzte sie mit geistiger Abwesenheit, und konnte sich nur schwer auf einen gemeinsamen Urlaub einlassen. Um wenigstens Michael zu einem schönen Urlaub zu verhelfen, hatte ich mit ihm so viel wie möglich unternommen und den einen oder anderen Kinderwunsch erfüllt.

Am zweiten Urlaubstag wurden wir über die Lieferung des zweiten Autos benachrichtigt, was bedeutete, dass ich mit dem kleinen Auto noch einmal nach Bernau fahren musste, um das gelieferte Auto entgegenzunehmen. Zum Glück war es schon zugelassen gewesen, so dass ich noch am selben Tag wieder an die Ostsee fahren konnte. Ganz wohl war mir nicht bei dem Gedanken, Michael den ganzen Tag mit seiner Mutter alleine zu lassen, wo sie doch mehr damit beschäftigt war, ihr Handy mit SMS zu füttern. Das Ende unseres Ostseeurlaubes fühlte sich eher wie eine Erlösung an als eine erholsame und entspannte Zeit. Zu Hause angekommen, fielen wir schnell wieder dem Alltagstrott zum Opfer. Jeder ging wieder dem nach, womit er vor dem Urlaub aufgehört hatte. Von allem soll es bekanntlich noch eine Steigerung geben, und es geschah, was sich nicht weiter aufhalten ließ. Michael hatten wir zu unseren Nachbarn gebracht, weil die beiden Jungs gerne miteinander spielten. Ich nutzte die Gelegenheit, um auf den Flugplatz in Straußberg ein paar Flugstunden zu leisten.

Michaels Mutter wollte unbedingt ein paar Fahrerfahrungen mit ihrem neuen Auto sammeln, und so begleite-

te sie mich zu meinen Ausbildungsstunden. Schon auf der Hinfahrt hatte ich das Gefühl, dass sie etwas loswerden wolle, aber sie kam nicht mit der Sprache heraus.
Wahrscheinlich wollte sie mich noch die Flugstunden genießen lassen, bevor sie mir ihre Sorgen anvertrauen wollte.
Während unseres Aufenthaltes auf dem Flugplatz fiel mir auf, dass sie mit anderen Fluglehrern tuschelte, und irgendwie kam mir der Gedanke, dass die Fluglehrer von etwas wissen mussten, von dem ich noch nichts wusste. Ich tat so, als würde ich von den Gesprächen nichts mitbekommen und konzentrierte mich auf meine Flugstunde.
Als wir den Flugplatz wieder verlassen wollten, verhielten sich die anwesenden Fluglehrer bei der Verabschiedung im Unterrichtsraum sehr verhalten. Sonst hatten wir uns immer noch kurz unterhalten oder Witze gerissen über die Erlebnisse beim Unterricht. An diesem Tag jedoch hatte es jeder sehr eilig und musste noch unbedingt was erledigen. Und warum das so war, würde ich in Kürze zu erfahren bekommen.
Auf der Rückfahrt vom Flugplatz fuhren wir wie üblich die kürzeste Strecke über die Dörfer nach Hause. Auf diesen Straßen herrschte nur wenig Verkehr und man konnte die schöne Natur genießen. Wie immer war es still im Auto, und in diese Stille hinein versuchte ich, eine Frage an meine Frau zu richten, die neben mir saß und das Auto fuhr.

„Was ist los mit dir"? „Ich hab doch längst bemerkt, dass dir etwas auf der Seele brennt".

Ich blickte zu ihr hinüber in der Erwartung, eine schnelle Antwort zu bekommen.
Da ich diese nicht bekam, schaute ich wieder nach vorne auf die Straße. Eine knappe Minute verging, ehe sie mit der Sprache herausrückte.

„Ich möchte mich von dir trennen", sprach plötzlich die Frau an meiner Seite.

Wie ein harter Faustschlag ins Gesicht traf mich die Antwort von der Frau, die neben mir saß.

„Wie meinst du das, du möchtest dich von mir trennen"?

„Ich lieb dich einfach nicht mehr"!

„Du liebst mich nicht mehr, wann ist dir denn das eingefallen"?

„Schon vor einer Weile"!

Die Antwort kam mir so unreal vor, dass ich in diesem Augenblick noch nicht begriffen hatte, was geschehen war. Um zu verarbeiten, was ich gerade von ihr erfahren hatte, schaute ich aus meinem Seitenfenster auf der Beifahrerseite. Für ein paar Sekunden versuchte ich nach jener Luft zu ringen, die gerade nicht zur Verfügung stand und sich nach einem Atemstillstand anfühlte.
Ich spürte, wie sich von einem Augenblick zum anderen die Farbe aus meinem Gesicht verabschiedete und ich kreidebleich geworden sein musste.

Während ich in meiner Gedankenlosigkeit die Bäume der Landstraße an meinem Fenster vorbeiziehen sah, versuchte ich wieder die Kontrolle über meine Atmung zu bekommen.
Im Spiegelbild meines Seitenfensters konnte ich den emotionslosen Blick jener Frau erkennen, die mir gerade meine Welt zusammenbrechen ließ. In meiner Fassungslosigkeit wollte ich eigentlich nicht wissen, wann und warum bei ihr die Liebe zu mir aufhörte. Eine spontane Ahnung veranlasste mich dazu, diese Frage dennoch zu stellen.

„Hast du einen anderen Mann kennen gelernt?

Mit meiner Frage versuchte ich die drückende Stille im Auto zu unterbrechen.

„Den kennst du nicht"!

Mit dieser Antwort wusste ich schon mal, dass es einen anderen Mann gab. Aber wer dieser Mann war, das wollte ich jetzt natürlich auch noch wissen?

„Und wer ist dieser Mann"?

„Das ist doch völlig unwichtig"!
„Für dich vielleicht schon, für mich aber nicht"!

„Also wer ist es, ist es dieser Fahrlehrer"?

„Und wenn es so wäre"?

„Hat er dir also auch den Kopf verdreht, so wie er es bei den anderen jungen Mädchen getan hat"?
„Dann ist also was dran an den Gerüchten, die über dein Fahrlehrer erzählt werden"?

„Er ist ganz anders, als du denkst, er ist sehr aufmerksam und hat mir die Augen geöffnet"! „Er hat sofort bemerkt, dass ich unzufrieden mit meinem Leben bin, und er hat mich dabei unterstützt, eine Entscheidung zu treffen"!

„Ach, ist das so"?
„Nur mal so am Rande, ich habe deine Unzufriedenheit schon vor vielen Jahren bemerkt, warum hast du nicht mit mir gesprochen"?

„Weil du das Problem bist"!

„Wäre es dann nicht genau die Stelle gewesen, wo du als erstes das Problem anpacken solltest, bevor du dich einem fremden Menschen anvertraust"?

„Er war so verständnisvoll und hatte sofort den Punkt gefunden, der mich bedrückt hatte".
„Ach ne, war dein Fahrlehrer auch noch Psychiater gewesen"?
„Und weil er das so toll gemacht hat, hat er sich dir angeboten, und du musstest dich ihm gleich an den Hals werfen, nicht wahr?".

„So war das nicht und es geht dich auch nichts an"!
„Es sieht aber so aus, und ob es mich was angeht, immerhin sind wir miteinander verheiratet, schon vergessen".

„Noch sind wir verheiratet und das auch nur noch auf einem Stück Papier".

„Ich fasse es nicht, du hast doch echt einen Knall". „Merkst du nicht, dass der dich verarscht und eine Ehe zerstören will"? „Der soll schon anderen Mädchen den Kopf gewaschen haben"? „Meinst du nicht, dass es noch ganz andere Mädchen gibt, warum sollte er sich ausgerechnet in dich verlieben"?

„Was willst du denn damit sagen"?

„Mensch wache auf, so blind kann doch nun wirklich niemand sein". „Hast du wirklich vor, eine Ehe zu zerstören wegen eines Mannes, der gar nichts von dir wissen will, und nur mit dir Spielchen spielt, so wie er es mit den anderen Mädchen getan hat"?

Stille kehrte wieder ein. Die letzten Kilometer bis nach Hause verbrachte ich damit, zu verarbeiten, was eben geschehen war. Als wir zu Hause ankamen, schloss ich mich in meinem kleinen Büro ein. Meine anfängliche Wut und Ratlosigkeit wechselte in eine tiefe Traurigkeit. Tränen liefen mein Gesicht herunter, weil ich begriffen hatte, was geschehen war. Nachdem ich mich wieder einigermaßen im Griff hatte, ging ich in das Wohnzimmer, wo die Frau saß, die dabei war, eine Familie zu zerstören. Wiedereinmal beschäftigte sie sich mit dem Schreiben von SMS, als würde es nichts anderes geben.

„Wollen wir nicht darüber nachdenken, ob wir das wieder hinbekommen mit unserer Ehe"?

Fast flehend und bettelnd stand ich vor ihr und wartete auf eine Antwort von ihr.

„Da gibt es nichts mehr, worüber wir nachdenken müssten"!

Während sie diese Worte zu mir sprach und zu mir aufsah, schien es fast so, als würde eine tiefe Zufriedenheit in ihrer Stimme liegen. Ich würde sogar soweit gehen wollen, zu sagen, dass sie meine Verzweiflung dafür ausnutzte, ihre Zerstörungswut zu einem Machtspiel werden zu lassen, weil sie wusste, wie wichtig mir die Familie war.
Die nächsten Tage war ich damit beschäftigt, nach außen so zu wirken, als läge die Welt im Gleichgewicht. Die Wahrheit jedoch war, dass ich mich kaum noch konzentrieren konnte. Die Theorieprüfung für die Flugschule hatte ich im Sommer 2006 zwar bestanden, aber wie sehr ich mich dafür gequält hatte, vermag niemand nachzuvollziehen. Selbst für den Unterricht in meiner Schule fehlte mir die Konzentration und Motivation. Es schien mir, als wäre alles, was ich tat, überflüssig und wertlos geworden.
Bisher hatte mein Sohn Michael nichts mitbekommen von dem, was seine Mutter unserer Familie antun wollte. Zumindest hatte es den Anschein. Doch auch vor einem zwölfjährigen Jungen kann man den Unfrieden in der Familie nicht ewig verstecken.
Nachdem Michael die ersten Veränderungen wahrgenommen hatte, wollte er natürlich wissen, was los war. Die passende und ehrliche Antwort wollte ihm seine Mutter aber nicht geben.

So war es wieder an mir, meinem Sohn schonend beizubringen, was geschehen war. Der Grund für die Traurigkeit, die über Michael hereinbrach, war nicht die Tatsache, dass sich seine Eltern entzweit hatten, sondern die Tatsache, dass ihm seine Mutter keine Aufmerksamkeit schenkte und nur mit sich selbst beschäftigt war. Michaels Mutter bekam nicht mal mit, dass ihr Sohn jede Nacht auf der Toilette saß, bitterlich weinte, und ich ihn trösten musste, während sie einen gesunden Schlaf genoss. Nach der Arbeit fuhr Michaels Mutter erst stundenlang mit ihrem neuen Auto durch die Gegend.

Wie ein blinder, verliebter Teenager verfolgte sie das Fahrschulauto von dem Fahrlehrer, in den sie sich verknallt hatte. Wochen später musste sie mit Verbitterung feststellen, dass der Fahrlehrer, in dem sie sich unsterblich verliebt hatte, nichts von ihr wollte. Die Verärgerung darüber veranlasste sie dazu, der Menschheit offenherzig zu zeigen, dass sie jetzt für jeden Mann zu haben sei. Der neue Kleidungstil, den sie sich zulegte, untermauerte ihre Absichten noch einmal kräftig. An den Freitagen kam sie nach der Arbeit erst gar nicht nach Hause, sondern nahm ihre Wäsche, die sie für die Wochenenden benötigte, schon am Freitagmorgen mit auf Arbeit, um nicht noch mal nach Hause fahren zu müssen. Ich weiß nicht, was diese Frau glaubte in ihrem Leben verpasst zu haben. Jedenfalls ließ sie nichts anbrennen, was sich ihr anbot. Als hätte sie einen Vaterkomplex zu bewältigen, nahm sie sich Männer, die älter waren als sie, zumindest weiß ich das von Fällen, die mir bekannt wurden. Während die Mutter unseres Kindes Freiheitkämpferin spielte, hatte ich viel zu tun zu Hause.

Einer musste sich ja um das Kind kümmern, es zur Schule bringen, mit ihm die Hausaufgaben sowie das Essen machen und was so alles anfiel. Zum Glück besaß Michaels Mutter so viel Restvernunft, dass sie zu Hause blieb, während ich in meiner Schule unterrichtete. Das war alles so unendlich traurig und am meisten tat es mir um Michael leid.

Manche Tage sind mir durch die vielen Probleme einfach über den Kopf gewachsen, und ich brauchte irgendetwas, um mich abzureagieren. Das Schlafzimmer teilte ich schon lange nicht mehr mit der Mutter meines Sohnes. Ich bekam keine Luft mehr, wenn ich neben ihr lag, und wählte das Sofa im Wohnzimmer als Nachtquartier. Von dort aus hatte ich die Möglichkeit, direkt auf die Terrasse zu gelangen, um eine Zigarette zu rauchen. Mit dem Trennungswunsch von Michaels Mutter fing ich wieder an zu rauchen und weil ich sehr viele schlaflose Nächte hatte, war ich sehr oft auf der Terrasse, um mir eine Zigarette anzustecken. Irgendwann reichten die Zigaretten nicht mehr aus, um meine Sorgen zu vernebeln. Wenn ich mir sicher war, dass Michaels Mutter zu Hause blieb, schlich ich mich leise aus dem Haus, um der naheliegenden Tankstelle einen Besuch abzustatten. Am Nachtschalter der Tankstelle kaufte ich mir ein paar Biere, um diese dann, zwischen den parkenden Lastkraftwagen der Fernfahrer, in einer hinter der Tankstelle gelegenen Straße auf der Bordsteinkannte sitzend auszutrinken. Wenn der Alkohol und der Zigarettenqualm meine Sorgen ausreichend benebelt hatten, taumelte ich langsam nach Hause, um vor meinen anstehenden Pflichten noch ein paar Stunden schlafen zu können.

An so ein Sorglospaket aus der Tankstelle kann man sich schnell gewöhnen, und so zog ich fast jede Nacht los, um mir dieses Sorglospaket einzuhelfen.

Das letzte bisschen Verstand, das in mir schlummerte, sprach zu mir, dass das so nicht weiter gehen konnte, und dass ich einen Weg finden musste, um das, was ich nicht mehr ändern konnte, in den Griff zu bekommen.
Also begann ich als erstes damit, die nächtlichen Ausflüge zur Tankstelle zu vermeiden, denn nur mit einem klaren Kopf wäre ich dazu in der Lage, das festgefahrene Problem anzugehen. Tag für Tag erkämpfte ich mir mein altes Selbstvertrauen zurück. Umso näher ich dem kam, umso deutlicher wurde mein Ziel und die sich daraus ergebene Konsequenz. Plötzlich hatte ich klar vor meinen Augen, welchen Weg ich gehen musste, um zu Ende zu bringen, was zu Ende gebracht werden musste. Meine Entscheidung stand fest.
Es war bereits Winter geworden und nachdem ich es noch viele Monate in diesem Haus ausgehalten hatte, informierte ich Michaels Mutter darüber, dass ich die Scheidung wollte und ausziehen würde. Überheblich, wie sie geworden war, und so sicher wie sie sich darin war, dass ich wie ein Sklave mich täglich um Michael und den Haushalt kümmern würde, so bekam ich auch die entsprechende Antwort von ihr.

„Wo willst du denn schon hin"? „Du hast ja gar kein Geld, womit du das bezahlen kannst"!

„Das wirst du schon sehen"!

Um meinen Plan in die Realität umsetzen zu können, wählte ich die Weihnachtsfeiertage aus, und bis dahin würde ich noch durchhalten müssen. Jedes Jahr fuhren wir zu den Feiertagen nach Gardelegen in meine Heimatstadt, um die Eltern von Michaels Mutter zu besuchen. Schon Wochen vorher freute sich Michael auf seine Oma und die Zeit, die er mit ihr verbringen durfte. Am Vormittag des 24.12.2006 war es dann soweit. Mit den gepackten Sachen und den Geschenken machten wir uns auf die Reise nach Gardelegen. Vor Reiseantritt hatte ich Michaels Mutter gebeten, ihren Eltern und den anderen Familienmitgliedern vorerst noch nichts von unseren Familienproblemen zu erzählen. Das Wetter hatte es gut mit uns gemeint, es war zwar feucht und neblig trüb, aber es schneite nicht. Die Straßen und Autobahnen waren an diesem Tag nur leicht befahren, so dass wir nach knapp zwei Stunden Fahrzeit unser Reiseziel erreichten. Die Fahrt verlief alles andere als lustig. Michaels Mutter sprach während der Fahrt kein Wort und hatte nur mit ihrem Handy zu tun. Nur wenn sie von Michael direkt angesprochen wurde, zeigte sie sich gnädig und sprach mit ihm. Um die Fahrt nicht allzu traurig werden zu lassen, versuchte wenigstens ich, mich mit Michael auf die Weihnachtsfeiertage einzustimmen, und befragte ihn, was er denn so mit seiner Oma geplant habe.

Pünktlich zum Mittag eingetroffen, gab es wie jedes Jahr, die traditionellen „Grünen" Klöße mit Rotkraut und einem Braten, was Michaels Oma lecker zubereitete. Normalerweise unterhielten wir uns immer am Essenstisch und tauschten uns fröhlich über die Neuigkeiten aus. Doch dieses Jahr war es ruhiger am Tisch, weil sich Mi-

chaels Mutter nicht die geringste Mühe gab, ihre schlechte Laune zu kontrollieren. Nach dem Essen wurde das Geschirr in die Küche für den Abwasch gebracht, und mir war nicht entgangen, das Michaels Oma ihre Tochter an die Hand nahm und mir ihr in die Küche ging. Ich ahnte schon, was aus diesem Treffen herauskommen würde.
Michaels Opa und seine Söhne blieben wie üblich am Tisch sitzen und ließen sich nach Herzenslust bedienen. In dieser Familie waren die Frauen für die Hausarbeit zuständig und somit hatten sie die Möglichkeit sich ausführlich in der Küche zu unterhalten. Da Minuten später noch immer das Geschirr auf dem Tisch stand, und sich die Männer des Hauses darüber aufregten, ergriff ich die Initiative, um das Geschirr in die Küche zu bringen. Als ich durch die Tür in die Küche kam, wurde es still im Raum. Ich sah wie sich Michaels Mutter mit verschränkten Armen an den Kühlschrank anlehnte und die Oma am Küchentisch eine Zigarette rauchte. Die Stille im Raum verriet mir, worüber sie sich unterhalten hatten.

„Konntest es wohl nicht abwarten, deiner Mutter unsere Probleme brühwarm auf den Tisch zu servieren, nicht wahr? Hatten wir nicht abgesprochen, zu den Feiertagen kein Wort darüber zu verlieren?
„Was kann ich denn dafür, wenn ich von meiner Mutter gefragt werde, was los ist?

„Vielleicht hättest du dir etwas Mühe geben und deine Mutter bitten können, dass ihr euch zu einem späteren Zeitpunkt darüber unterhalten werdet"?

Kurz darauf bat Michaels Oma, dass ihre Tochter kurz aus der Küche gehen solle. Ich stand mit ihr alleine im Raum, und sie spürte die große Wut in mir. Sie verharrte für einen Augenblick und atmete kurz durch.

„Das tut mir so unendlich leid für dich, Siegfried". „Kann ich irgendetwas für dich tun"?

„Ich brauche dein Mitleid nicht"! Und ja, du kannst etwas für mich tun, du kannst deine Tochter ohne Rückflug auf den Mond schießen.

Gepeinigt und mit meiner Wut im Bauch, verließ ich die Küche. Eigentlich hatte ich geplant, die Weihnachtsfeiertage noch mit Michael zu verbringen, um mich erst danach zu verabschieden. Diesen Teil meines Vorhabens musste ich leider ein paar Tage vorverlegen. Nichts auf der Welt könne mich hier noch aufhalten, um mir tagelang die mitleidsvollen Gesichter anzusehen. Ohne dass jemand etwas mitbekam, verabschiedete ich mich von Michael und wünschte ihm schöne Weihnachtsfeiertage mit seiner Oma.
„Wo willst du denn hin, Papa"?

„Ich muss leider noch mal los und ein bisschen arbeiten".

Danach schickte ich Michael in die Küche zu seiner Oma. Leise zog ich mich an, nahm meine Tasche mit meinen Sachen, verließ das Haus und fuhr mit meinem Auto vom Hof. Mit Tränen in den Augen fuhr ich wieder nach Hause.

Um nicht der Traurigkeit zu verfallen, und mich wieder beruhigen zu können, dachte ich während der Fahrt über meine nächsten Schritte nach, wenn ich zu Hause ankomme.

Ein paar Tage vor unserer Abreise nach Gardelegen, hatte ich mir fünf Umzugskisten besorgt. Es waren genau so viele, wie ich benötigen würde, um meine wichtigsten Sachen einpacken zu können. In zwei Kisten brachte ich meinen Computer unter. In einer Kiste, die Ordner mit meinen Unterlagen und den Verträgen aus meiner Kampfkunstschule. In den übrigen zwei Kisten verpackte ich meine Wäsche. Was ich mitnehmen würde, hatte ich ebenfalls schon Wochen zuvor geplant. Worum ich mich ebenfalls Tage vor unserer Abreise gekümmert hatte, war die Kontentrennung. Bei einer Bank richtete ich mir ein eigenes Konto ein, und ließ alle Einnahmen und Ausgaben, die mich betrafen, über dieses Konto abwickeln. Von der teuren Wohnungseinrichtung wollte ich nichts haben, und auf alles andere legte ich auch keinen Wert. In Absprache mit einer Schülerin von mir bekam ich die Möglichkeit, vorerst in einer Pension unterzukommen. Später dann wollte ich mich in aller Ruhe um eine Wohnung kümmern. Noch am gleichen Abend bezog ich auf einem Dorf namens Klandorf eine kleine Pension.
Mit fünf Kisten und 500 Euro, die ich von meinem Vater bekam, war es mein Ziel, einen kompletten Neuanfang zu starten und alles hinter mir zu lassen.
Dass mein Vorhaben nicht komplikationslos umzusetzen war, war mir bewusst. Schon kurz nach den Weihnachtsfeiertagen versuchte mich Michaels Mutter telefonisch zu

kontaktieren. Sie hatte mitbekommen, dass ich bereits eine Kontentrennung durchgeführt hatte, und dass meine Sachen aus der Wohnung fehlten. Als erstes wollte sie natürlich wissen, was mir einfiele, mich einfach zu verpissen. Danach kam die Frage, wie ich mir das alles vorgestellt habe und ob sie sich jetzt um Michael alleine kümmern soll? Ihre Fragen beantwortete ich mit einem kurzen Satz. Das hättest du dir überlegen sollen, bevor du vorhattest, eine Familie zu zerstören. Über meine Antwort verärgert, forderte sie mich auf, dass ich Unterhalt für Michael zu zahlen hätte. Dass ihre Forderungen berechtigt waren, hätte sie mir nicht mitteilen müssen. Dennoch konnte ich mir eine Bemerkung nicht verkneifen.

„Wie kommst du auf den Gedanken, dass ich für Michael Unterhalt zahlen könnte"?
„Vielleicht kannst du dich ja noch daran erinnern, dass du aufgehört hast mich zu lieben, weil ich angeblich nicht ausreichend Geld herangeschafft hätte und so zum Unterhalt der Familie beitragen konnte". „Woher soll ich denn jetzt plötzlich das Geld für Unterhaltszahlungen hernehmen?".

Ohne ein weiteres Wort zu verlieren, beendete die Frau das Gespräch. Ich hingegen lehnte mich zurück, und beschäftige mich damit, mein Leben neu zu ordnen. Bei einer Überprüfung meiner Finanzen fiel mir auf, dass es gar nicht so schlecht um mich stand. Eine kapitalbildende Lebensversicherung, die ich eigens für mich abgeschlossen hatte, beabsichtigte ich zu kündigen, um etwas länger liquide zu bleiben.

Nach ein paar Wochen der Ruhe konnte ich Anfang Januar 2007 eine kleine Zweiraumwohnung in einem Dorf namens Ruhlsdorf anmieten. Diese Zweiraumwohnung war die Basis für meinen Neuanfang.
Mit einer kleinen Investition von 300 Euro kaufte ich mir in einem Gebrauchtwarenladen ein paar Möbel für meine neue Wohnung. Mit diesen Möbeln richtete ich mir mein kleines Zuhause ein, und zum ersten Mal nach langer Zeit hatte ich das Gefühl, wieder ein halbwegs glücklicher Mensch zu sein.

Der verlorengegangene Sohn

Wenn sich die Eltern trennen, sind es die zurückgelassenen Kinder, die am meisten und am längsten leiden müssen. Je nachdem wie eine Trennung stattfindet, können sich die Eltern darauf einigen, das Leben des Trennungskindes so angenehm wie möglich zu gestalten. Um dem Kind den Eindruck zu vermitteln, dass alles in Ordnung sei, gaukeln sie ihrem Kind eine einvernehmliche Verantwortung vor. Selbst Elternteile, die von ihrem Ehepartner aufs übelste belogen, verraten und betrogen wurden, heucheln dem Kind eine Bereitschaft vor, die der natürlichen Reaktion widerstrebt. Ich hingegen gehörte nicht zu denen, die sich für eine heuchlerische Aktion des Kindes wegen aufzugeben versuchen. Für mich gab es nur ein Ja oder Nein. Meine Einstellung sollte keinesfalls heißen, dass ich nicht an dem Wohlergehen meines Sohnes interessiert war. Mir lag viel daran, meinem Sohn ein guter Vater zu sein und das tat ich auf meine Art und Weise. Da ich selbst die Trennung meiner Eltern erlebt hatte, war ich gut dazu in der Lage, nachzuvollziehen, wie sich mein eigener Sohn jetzt fühlen musste. Und eines wusste ich ganz genau, die Heuchelei meiner Eltern während ihrer Trennungsphase war alles andere als hilfreich. Ich kann nicht in Worte fassen, wie leid es mir tut, dass mein Sohn die gleichen Erfahrungen machen musste, die ich als Kind gemacht hatte. Dennoch bin ich der Überzeugung, dass unsere Kinder stark genug sind, einen eigenen Weg zu sich finden, und Entscheidungen treffen werden, die nicht immer mit unseren

Vorstellungen konform laufen. Mein Sohn hatte seinen Weg gefunden, und dieser Weg forderte seinen Tribut.

Auch in diesem Kapitel fällt es mir schwer, meine nachstehende Erzählung genauer zu erörtern. Und wenn es nicht gegen meine Natur wäre, unehrlich zu sein, dann würde ich behaupten wollen, dass ich keinen Sohn habe. Das mag jetzt vielleicht ungerecht meinem Sohn gegenüber klingen, weil er ja noch ein Kind war, und es nicht verdient hätte, so verurteilt zu werden. Dennoch hatte er sich trotz des Wissens, dass ich ihm immer ein ehrlicher und liebender Vater war, gegen mich gestellt. Zu groß war der boshafte Einfluss seiner Mutter, als dass er sich für die ehrliche Seite entschieden hätte. Die Tatsache, dass er seinen eigenen Vater verklagen wollte, schloss auf meiner Seite eine Tür, die ich nicht bereit wäre wieder öffnen zu wollen. Seine Vorgehensweise war eine klare Ansage dafür, dass er mit seinem Vater nicht zu tun haben möchte. Meine Reaktionen auf die Taten meines Sohnes, die ich in meiner Geschichte beschreibe, sind nur die notwendigen Konsequenzen meinerseits gewesen, um auch für mich einen erträglichen und endgültigen Abschluss zu machen. Sicher würde der eine oder andere gerne behaupten wollen, dass es doch noch andere Wege geben muss, um so ein Problem lösen zu können. Doch meistens ist die verzweifelte Suche nach einem alternativen Weg zur Problemlösung nichts weiter, als die fehlende Bereitschaft loszulassen, was nicht festgehalten werden will. Diese Einsicht hinnehmen zu müssen, war für mich nicht leicht, denn ich hatte mein Sohn von ganzem Herzen geliebt.

Man möge mir vielleicht unterstellen wollen, dass ich zutiefst verletzt wurde, und deshalb so reagierte. Aber die Tatsache ist, dass ich von meinem Sohn deswegen enttäuscht war, weil er als volljähriger Mann bei klarem Verstand eine Entscheidung traf, für die es keine Entschuldigung gibt und von der es keinen Weg zurück geben wird.

Als ich meinen festen Wohnsitz in Ruhlsdorf hatte, wurde ich die ersten drei Wochen von meinem Sohn besucht. In einer ruhigen Minute gestattete mir Michaels Mutter, auch mal Zeit mit meinem Sohn an den Wochenenden verbringen zu dürfen. Das tat sie sicher nicht aus Nächstenliebe, sondern wegen der Tatsache, dass sie mal wieder mit einem ihrer Bekannten halligalli machen wollte. Schließlich sei ich der Vater des Kindes, und wenn ich schon keinen Unterhalt zahlen könne, sollte ich wenigstens meiner Vaterrolle gerecht werden. Über die überhebliche und arrogante Art und Weise von der Mutter meines Sohnes habe ich gelernt hinwegzusehen, und versuchte an den Wochenenden, meinem Sohn ein guter Vater zu sein. Da ich in der Nähe einer Schülerin von mir wohnte, die einen Reiterhof besaß, machte ich regelmäßig mit Michael einen Ausflug dorthin. Was es an den Wochenenden zu essen geben sollte, konnte Michael bestimmen. Meistens gab es Nudeln. Ich persönlich fand an der Wiederholung des Essenwunsches von Michael nichts Verwerfliches. Scheinbar wurde Michael nach der Rückkehr aus dem Wochenende mit mir ständig ausgefragt, und er wird seiner Mutter darüber berichtet haben, was es bei uns zu essen gab.

Als gehe die Welt davon unter, wenn man zwei Wochenenden hintereinander Nudeln isst, so sehr regte sich Michaels Mutter darüber auf, und fragte mich, ob ich nicht dazu in der Lage sei, auch mal etwas Gesundes zu kochen. Egal was ich mit Michael an den Wochenenden unternahm, sie hatte immer etwas daran auszusetzen.

Nach Michaels zweiter oder dritter Rückkehr aus dem Wochenende mit mir, wunderte ich mich über eine Reaktion von seiner Mutter, die nicht dem entsprach, was tatsächlich stattgefunden hatte. Nach den Aussagen von Michael aßen wir Pizza zum Mittag, was nicht unbedingt schlimm gewesen wäre, und er hätte Eistee bei mir getrunken, was nun überhaupt nicht stimmte. Mir war nämlich bekannt, dass Michael auf Grund seiner Krankheit keine Getränke trinken sollte, die ihn zusätzlich aufputschen würden. Daher hätte ich Michael so ein Getränk nie trinken lassen.
Nachdem sich Fälle wie diese wiederholten, begriff ich, dass Michael damit begann, seine Eltern gegen einander auszuspielen.
Als ich einige Zeit später mit meiner jetzigen Frau zusammenzog, doch diese Geschichte erzähle ich im nächsten Kapitel, kamen die absurdesten Situationen zum Vorschein. Mit jedem Mal dachte sich Michael eine neue Geschichte aus, um vor allem mich und seine Mutter gegeneinander auszuspielen. Solange ich denken kann, war ich meinem Sohn gegenüber ein ehrlicher und geduldiger Vater, der ihn liebte. Mit jedem Jahr, dass er älter wurde, versank er mehr und mehr in eine Welt, die mit der Realität nichts mehr zu tun hatte.

Es wurde gelogen, wo immer gelogen werden konnte. Er baute sich eine Welt auf, aus der es kein Entfliehen mehr gab. Trotz der Welt, der er fremd geworden war, versuchte ich es immer wieder, ihn irgendwie in die reale Welt zurückzuholen. So sehr ich mich auch bemühte, es gelang mir einfach nicht. Als Michael 16 Jahre alt war, gab es einen kleinen Lichtblick, so dachte ich jedenfalls. Beim gemeinsamen Vorbereiten von Bewerbungsunterlagen für die unterschiedlichsten Firmen und Berufe dachte ich, dass ich meinen Sohn wieder zurückgewonnen hätte. Doch dieser Augenblick glich nur einem Wimpernschlag. Umso weiter sich Michael aus meinem Einflussbereich entfernte, umso weiter entfernte er sich von mir. Für meinen 16jährigen Sohn wurden die Computerspiele wichtiger als sein Vater.

Durch seine Vorliebe für Computerspiele blieben auch die Chancen, die sich ihm boten, auf der Strecke, weil er nicht den nötigen Ehrgeiz zeigte, der wichtig gewesen wäre, um einen Ausbildungsplatz zu bekommen. Als Kind hatte er immer gerne Koch werden wollen, nun bekam er die Möglichkeit dazu, und hatte diese nicht wahrgenommen. Immer wieder versuchte ich positiv auf ihn einzuwirken, in der Hoffnung, dass Michael die Kurve vielleicht doch kriegen würde, doch der Einfluss seiner Mutter war zu mächtig gewesen, als dass es mir gelingen konnte, wenigstens ein wenig zu ihm durchzudringen. Bei einem letzten Treffen, kurz vor Michaels 18. Geburtstag, stellte ich ihm die Frage, wie es nun weitergehen solle und wie er sich seine Zukunft vorstellen würde. Eine Antwort darauf blieb er mir schuldig. Stattdessen bekam ich wenige Wochen später einen Brief von ihm mit der Aufforderung, ich möge ihm bitte meine finanzielle Situation offenlegen, und er forderte mich auf, Unterhalt an ihn zu zahlen. Ich wollte nicht glauben, was ich gelesen hatte. Statt sich um eine Ausbildung zu bemühen, die er dann endlich auch mal zu Ende bringt, stellte er lieber Unterhaltsforderungen. Dass seine Forderungen unter Umständen gerechtfertigt gewesen wären, steht außer Frage. Auf eine Rückfrage von mir, ob er nun einen Ausbildungsplatz nachweisen könnte, der ihn dazu berechtigt, Unterhaltsforderungen zu stellen, erhielt ich eine Unterhaltsklage.

Ich traute meinen Augen nicht, als ich die Klageschrift vom Amtsgericht zugesendet bekommen hatte. Die Vorgehensweise meines Sohnes war nicht allein auf seinen Mist gewachsen, mit Sicherheit war seine Mutter im Spiel. Es gab nun keinen Zweifel mehr daran, dass ich meinen Sohn an seine Mutter vollständig verloren hatte. Nach dem, was als letztes vorgefallen war, sah ich keine Möglichkeit mehr, die dazu geeignet wäre, einen Weg zu meinem Sohn zu finden. Ich war so sehr von dem enttäuscht, wozu mein Sohn im Stande war, dass ich mich dazu entschloss, ihn bei der Erstellung einer Erbfolgevereinbarung zu enterben. Zu hart hatte ich dafür gearbeitet, um mein Leben wieder in den Griff zu bekommen, als dass ich dazu bereit wäre, meinem verlorengegangenen Sohn auch nur einen einzigen Cent nach meinem Ableben zukommen zu lassen, oder dass er die Chance bekäme, einen Teil vom Haus meiner Frau zu erben.

22 Jahre alt ist mein Sohn bereits geworden, und Mittlerweile sind viele Jahre vergangen, seit ich Michael das letzte Mal in einem Gerichtsgebäude begegnete.

Auf den Winter folgt der Frühling

Es war mal wieder eines dieser Wochenenden, an dem ich abends auf meinem Sofa saß und ganz gemütlich mein Bier trank. Ich liebte diese Wochenenden, denn nachdem ich aus der Wohnung meines alten Lebens auszog, und in meine kleine Wohnung in Ruhlsdorf eingezogen war, fühlte ich mich schon lange nicht mehr so gut. Leidenschaftslos blätterte ich in der kostenlosen Regionalzeitung, um mir die Zeit zu vertreiben. Indessen dachte ich darüber nach, dass es doch an der Zeit wäre, dass wieder bessere Zeiten für mich kommen könnten. Als erfahrener Mann wusste ich, dass das Leben eine ständige Berg- und Talfahrt ist, und wo es hoch geht, muss es auch mal wieder runter gehen. Nicht dass ich mit der Talfahrt selbst ein Problem hätte, nein das ist es nicht. Es ist der Hintern, der mir langsam vom Rutschen weh tut, und es wäre schön, wenn der sich mal etwas ausruhen könnte.

Während ich so die Seiten der Regionalzeitung mit flüchtigen Blicken überflog, um vielleicht doch noch einen interessanten Artikel zu finden, da sah ich plötzlich die Kontaktanzeigen. Mit einem leichten Grinsen im Gesicht dachte ich mir, die armen Seelen, die auf der Suche waren, um einen Partner zu finden. Die Kontaktanzeigen hielt ich schon immer für eine fingierte Spinnerei und nur Dummenfang für Leichtgläubige. Umso mehr ich über die Kontaktanzeigen nachdachte, umso mehr wurde mir bewusste, dass ich nun auch zu den armen Seelen gehörte, deren Suchanzeige in dieser Zeitung stehen könnte. Es ist ja nicht so, dass ich jetzt notgedrungen Kontakt zu einer neuen Frau suchte, jedoch zählte ich mich zu den Menschen, die gerne mal alleine sind, aber trotzdem die Nähe anderer Menschen brauchen. Mit 45 Jahren würde ich sicher nicht mehr als Jugendlicher anerkannt werden. In einer Diskothek war ich schon seit meiner Jugend nicht mehr gewesen, und nach der Arbeit abends noch auf die Pirsch zu gehen, wäre auch nicht mein Ding. Eigentlich war ich ganz zufrieden mit der Situation, in der ich mich gerade befand, und sah keinen Grund, dies ändern zu wollen. Trotzdem sagte ich mir, wenn ich mir die eine oder andere Anzeige durchlese, würde mir das ja nicht schaden. Also fing ich an, mir die Anzeigen durchzulesen, und während ich mir den Inhalt der Anzeigen genauer betrachtete, kam ich eine Bestätigung dafür, dass die Anzeigen gestellt sein mussten. Plötzlich stieß ich auf eine Anzeige, deren Inhalt so lautete, als würde diese mich ansprechen wollen. Hier suchte eine Frau einen netten Mann der treu, hilfsbereit …... ist und noch andere Eigenschaften haben sollte. Ich muss zugeben, dass ich auf diese Anzeige hereinfiel und genau das tat, was beabsichtigt wurde. Was sollte schon passieren, wenn ich auf diese Anzeige reagierte? Mehr als die Erfahrung zu machen, teure SMS-Gebühren bezahlt zu haben, konnte ja nicht dabei herauskommen. Also nahm ich mein Handy zur Hand und antwortete auf diese Anzeige mit einer SMS wie gefordert wurde. Innerlich dachte ich mir, du Trottel, nun biste auch darauf reingefallen. Wenige Minuten später kam eine SMS zurück mit der Bitte, wenn ich mich weiterhin für einen Kontakt zur

Anzeige interessieren würde, dass ich ebenfalls auf diese SMS antworten müsse. Kostenpunkt 1,99 Euro. Aber na klar doch, sagte ich mir, hab ich mir doch gedacht, dass das alles Schnulli ist. Ich legte mein Handy beiseite, studierte den Rest der Zeitung und machte mir einen schönen Abend.

Am Montag nach dem Wochenende bekam ich einen merkwürdigen Anruf. Es meldete sich eine Frau von einer Kontaktagentur. Nachdem sie sich höflich vorgestellt hatte, erklärte sie mir, dass sie anrufen würde, weil ich nicht auf die letzte SMS reagiert hatte. Ich gab zur Antwort, dass ich nicht reagiert hätte, weil mir der teure SMS-Verkehr unseriös vorkam. Nach einem weiteren freundlichen Gespräch bot sie mir an, dass wenn ich weiterhin Interesse hätte, sie sich mit mir auf halbem Wege irgendwo treffen würde, um alle anderen Fragen klären zu können. Warum auch nicht, dachte ich wieder, mehr als Spritkosten können nicht entstehen und ich sagte dem vorgeschlagenen Termin zu. Schon zwei Tage später traf ich mich mit einer Frau von der Kontaktagentur auf dem Rastplatz einer Autobahntankstelle.
Das Gespräch dauerte etwa eine Stunde. Gerade ich, der überaus vorsichtige und vernünftige Mensch ging auf einen Vertrag ein, der 300 Euro kostete, und mich dazu berechtigte, mich mit drei vertraglich vereinbarten Frauen zu treffen.
Ich kam mir vor, als würde ich auf einer Auktion ein paar Frauen erworben haben, um mich mit ihnen zu vergnügen. Was ist nur in mich gefahren, als ich diesen Vertrag unterschrieb?

Wieder versuchte ich mir die Situation schön zu reden und sagte mir, was solls, aus Fehlern lernt man eben. Für den Fall, dass ich nicht das Opfer eines Betruges geworden bin, treffe ich mich halt mit einer Frau, und mache mir mit ihr einen schönen Tag, oder einen schönen Abend. Egal was letztendlich geschehen mag, bei der Vertragsunterzeichnung war für mich wichtig, dass ich nur Frauen kennenlernen wollte, die von ihren Ehepartnern verlassen wurden. Auf keinen Fall wollte ich noch einmal durchmachen, was ich gerade erlebt hatte. Es gab zwar keine Garantie dafür, dass mir das Gleiche nicht noch einmal widerfahren könnte, dennoch würde ich mich wohler fühlen, mich mit einem Menschen zu treffen, der meine Gefühle nachvollziehen kann.

Die Post in Ruhlsdorf geht manchmal merkwürdige Wege. Erst als mich die Kontaktagentur anrief und mich fragte, warum ich mich nicht mit den vorgeschlagenen Kontakten getroffen hatte, mussten wir bei einer Analyse feststellen, dass die Adresse auf den Briefen nicht stimmte. Die Agentur schlug vor, noch am selben Tag die verlorengegangenen Kontaktadressen noch einmal zuzusenden. Die Post war erstaunlich schnell, und am nächsten Tag, lag die versprochene Post in meinem Briefkasten. Aufgeregt öffnete ich den Brief der Kontaktagentur. Wie vertraglich vereinbart, bot mir die Kontaktagentur drei Kontaktadressen an. Am späten Nachmittag nahm ich all meinen Mut zusammen, um mit den Kontaktadressen einen Termin für ein Treffen abzusprechen. An die erste Adresse kann ich mich nicht mehr erinnern, weil ich diese nicht erreicht hatte.

Die zweite Adresse, mit der ich in Kontakt trat, war nicht unbedingt mein Fall gewesen. Der Frau am anderen Ende der Leitung schien es offensichtlich schwer zu fallen, mit mir ein Treffen abzusprechen, da bei ihr zu viele Termine anstanden, die unbedingt abgearbeitet werden mussten. Als freundlicher und höflicher Mensch räumte ich die Option ein, dass ich mich noch einmal melden würde. Oh mein Gott, dachte ich mir, das fängt ja gut an. Die erste Adresse war nicht zu erreichen, von der zweiten Adresse war ich enttäuscht, und die dritte Adresse würde wahrscheinlich auch nicht besser sein. So richtig überzeugt davon, doch noch ein vernünftiges Treffen arrangieren zu können, war ich nicht mehr. Dennoch hatte ich mich dazu durchringen können, mit der letzten Adresse in Kontakt zu treten.

Es muss schon so gegen 19 Uhr gewesen sein, als ich mein Handy in die Hand nahm, um die Telefonnummer des dritten Kontaktes anzurufen. Es vergingen nur wenige Sekunden, bis sich eine junge Frauenstimme meldete. Da sich die Frauenstimme sehr mädchenhaft anhörte, ging ich davon aus, dass es sich um die Tochter meiner Kontaktperson handeln musste. In der Hoffnung, ich möge mit meiner Vermutung richtig liegen, bat ich darum, mit der Mutter reden zu dürfen. Die freundliche Mädchenstimme am Ende der Leitung verriet mir, dass ihre Mutter bei der Spätschicht sei und erst nach 22 Uhr zu Hause sein würde. Dem netten Mädchen am Telefon stellte ich abschließend die Frage, ob es möglich sei, am späten Abend noch einmal anrufen zu dürfen. Da dies kein Problem zu sein schien, war somit das Gespräch beendet und wir verabschiedeten uns voneinander.

Um meine Aufregung in Zaum zu halten, und die Zeit bis nach 22 Uhr zu überbrücken, versuchte ich meinen Computerzeitschriften gebrauchsfähige Informationen zu entlocken. Um nicht unhöflich zu wirken, und genau 22 Uhr anzurufen, ließ ich noch ein paar zusätzliche Minuten vergehen, denn es hieß ja nach 22 Uhr. Irgendwann gegen 22.30 Uhr griff ich nach meinem Handy, um die Nummer zu wählen. Auch dieses Mal dauerte es nicht lange, bis sich jemand meldete. Wieder war die nette Stimme des Mädchens am Telefon, zumindest dachte ich das. Freundlich bat ich darum, ihre Mutter sprechen zu dürfen. Die Stimme die mit mir sprach, ließ ein leichtes Lachen verlauten bevor sie mir mitteilte, dass die Mutter bereits am Telefon sei. Überrascht und erstaunt zugleich musste ich feststellen, dass die Stimme der Mutter und die Stimme der Tochter sich ähnelten. Die Stimme der Mutter jedoch klang noch ein bisschen lieblicher und fröhlicher als die Stimme der Tochter. Schon die ersten Worte, die ich vernahm, ließen mein Herz schneller schlagen.

Wenn sich hinter der Stimme auch noch der passende Mensch befindet, dann würde ich bestimmt eine tolle Frau kennenlernen, dachte ich mir. Als ich meine Verwunderung über die zierliche Stimme wieder kontrollieren konnte, entschuldigte ich mich zuerst für die Störung zur späten Abendstunde. Wieder vernahm ich ein sympathisches Lachen am anderen Ende der Leitung. Über die fröhliche Stimme meiner Gesprächspartnerin erneut irritiert, fuhr ich mit meiner Entschuldigung dahingehend fort, zu erklären, dass mein verspätetes Melden nicht meine Schuld gewesen, sondern auf die Fehlleitung der Postsendungen zurückzuführen war. Meine Entschuldigungsversuche schienen meine Gesprächspartnerin zu amüsieren, denn wiederholt ertönte ein fröhliches Lachen in der Hörmuschel meines Handys. Meine Entschuldigungsversuche kamen mir langsam etwas peinlich vor und so versuchte ich das Gespräch etwas zu beschleunigen. Behutsam versuchte ich, mit der fröhlichen Frau am Telefon ein Treffen zu vereinbaren. Den passenden Termin für uns zu finden, dauerte nicht lange, und ich fragte sie, ob sie sich mit mir am 30.01.2007 beim Italiener in der Nähe zu einem gemeinsamen Essen treffen möchte. Die leicht kichernde Stimme am Telefon ging auf meinen Vorschlag ein, und das Gespräch war beendet. Was war das denn gerade für eine lustige und fröhliche Frau gewesen, dachte ich mir? Während nach dem Gespräch mein Herz noch etwas schneller schlug, überlegte ich bereits, wie ich an die Telefonnummer des Italieners gelangen könnte, um dort ein gemütliches Treffen zu organisieren. Entspannt lehnte ich mich an die Lehne meines Sofas an und trank gemütlich mein Bier weiter. In meine Gedanken vertieft, wie das Treffen mit der Frau am Telefon aussehen könnte kam ich zu dem Entschluss, dass ich besser direkt zum Italiener fahren sollte, um vor Ort das Treffen zu organisieren. Obwohl ich die Frau am Telefon noch nie gesehen hatte, war ich trotzdem sehr aufgeregt. Vielleicht war es nur die Aufregung wegen des Treffens mit einer Unbekannten, aber wieso hatte ich dann ein leichtes Kribbeln im Bauch? Oder war es die Aufregung darüber, etwas zu machen, was mir völlig unbekannt war, und dass ich mich mit einer Frau traf, was ich das letzte Mal vor über 20 Jahren tat?

Eine Antwort auf meine Fragen hatte ich nicht oder ich wollte mir keine geben. Was jedoch feststand, war die Tatsache, dass ich eine unruhige Nacht hatte, und ständig über die fröhliche Stimme der Frau am Telefon nachdenken musste. Umso mehr ich mir das Gespräch in Erinnerung rief, umso mehr stieg in mir der Verdacht auf, dass ich mich bereits in die fröhliche Stimme am Telefon verliebt haben könnte. Nur mühselig schlief ich über meinen Gedanken ein.

Ich hatte nur wenige Stunden geschlafen und bevor mein Wecker seiner Daseinsberechtigung nachkommen konnte, war ich bereits aufgestanden und war unter die Dusche gesprungen. Es war schon viele Jahre her, als ich das letztemal nachts durchschlafen konnte. Der Abschied aus meinem früheren Leben hatte nicht positiv dazu beigetragen, dass sich an meinem Schlafrhythmus etwas ändern würde. Jeden Morgen um 5 Uhr, man hätte die genaueste Uhr der Welt danach stellen können, trank ich nach dem Duschen eine Tasse Kaffee im Wohnzimmer meiner Wohnung. Weil ich das Gefühl des Alleinseins nicht mochte, schaltete ich meinen kleinen Fernseher ein, um etwas Unterhaltung zu haben. Nach einem ausgiebigen Frühstück beschäftigte ich mich mit dem Saubermachen der Wohnung, und manchmal tat ich das zweimal am Tag. Tagsüber hatte ich nun viel Zeit, und ich wusste anfangs noch nicht, wie ich meine verfügbar gewordene Zeit bis zu meinem Unterricht in den Nachmittagsstunden einteilen sollte. Erst am späten Nachmittag, wenn ich in meine Kampfkunstschule fuhr, hatte ich einen festgesetzten Zeitplan.

Nach dem ich den Vormittag damit verbrachte, meine ohnehin saubere Wohnung zu putzen, beschloss ich, von Ruhlsdorf aus über die Autobahn nach Zepernick zu fahren. An der Hauptstraße von Zepernick, in der Nähe des Ortsausganges in Richtung Berlin, befand sich der Italiener, bei dem ich beabsichtigte, die abgesprochene Verabredung zum 30.01.2007 zu organisieren. Das Restaurant, welches ich mir für das Treffen aussuchte, schien einen guten Ruf zu haben, und eigentlich wollte ich dort schon immer mal essen gehen. Das Restaurant hatte gerade erst geöffnet, als ich dort ankam, und es waren noch keine Gäste da, die bedient werden wollten. Die Ruhephase im Restaurant nutzte ich dafür, mit einem Mitarbeiter einen Tisch auszusuchen, an dem ich mit meinem Date hoffentlich schöne Stunden verbringen werde. Ich wählte einen Tisch aus, von dem man aus dem Fenster sehen konnte, und ich bat dem Mitarbeiter, für diesen Tag den Tisch mit einem schönen Strauß Blumen und mit Kerzen zu dekorieren. Ich war sehr stolz auf meine Tischreservierung im Restaurant, und ich konnte es kaum noch abwarten, mich mit der Frau, die ich kennenlernen würde, an diesen Tisch zu setzen. Egal was an diesem Tag herauskommen mochte, ich wollte nur, dass es zumindest ein schöner Tag werden sollte.
Am Dienstag, dem 30.01.2007 war es dann soweit. Schon Tage zuvor hatte ich das Gefühl gehabt, die Zeit wolle und wolle nicht vergehen. Nun war der Tag gekommen, auf den ich fiebernd wartete. Ich zog meine besten Sachen an, um bei der Frau, die ich kennenlernen würde, einen guten Eindruck zu hinterlassen. Meinem neuem Auto verpasste ich noch eine Wäsche, und auf dem Ar-

maturenbrett legte ich eine Rose für meine neue Bekanntschaft zurecht. Schließlich sollte der Tag perfekt werden, und ich wollte nicht den Eindruck vermitteln, dass mir unser Date nicht wichtig wäre. Also gab ich mir große Mühe, dieses Date so perfekt wie möglich zu gestalten. Mit meinem frisch gewaschenen Auto fuhr ich nach Zepernick zum Bahnhof, um dort die Frau zu empfangen, mit der ich verabredet war. In einer kleinen Nebenstraße gleich neben dem S-Bahnhof Zepernick parkte ich mit meinem Auto. Leichter Nieselregen tröpfelte auf die Windschutzscheibe meines Wagens, so dass ich immer wieder die Scheibenwischer betätigen musste, um freie Sicht zu bekommen. Es vergingen nur knapp zehn Minuten, bis ich vor mir eine schwarz gekleidete Frau mit aufgespanntem Regenschirm auf mein Auto zugehen sah. Um uns nicht zu verpassen, hatten wir ein Erkennungsmerkmal ausgemacht, und das sollte mein neuer schwarzer VW Jetta sein. Weil ich keinen Zweifel daran hatte, dass die Frau die auf mich zu kam, die Frau sein musste, mit der ich mich verabredet hatte, stieg ich aus meinem Auto aus, um ihr entgegenzugehen. Nach einer kleinen Umarmung zur Begrüßung öffnete ich die Beifahrertür meines VW Jettas und bat sie Platz zu nehmen. Während ich im Auto den Sicherheitsgurt anlegte, deutete ich auf die hübsche Rose hin, die auf dem Armaturenbrett lag, mit dem Hinweis, dass sie für die Beifahrerin bestimmt sei. Ich startete den Motor meines Autos, und wir fuhren zum Restaurant des Italieners. Die Fahrt dorthin dauerte weniger als fünf Minuten, somit bin ich nicht in den Genuss gekommen, ein längeres Gespräch mit meiner Begleitung auf dem Beifahrersitz zu beginnen. Jedoch bekam ich so viel Zeit während der Fahrt, um in Erfahrung zu bringen, dass sie kein Problem mit italienischem Essen hatte. Wir waren kaum in den Wagen eingestiegen, da mussten wir diesen auch schon wieder verlassen. Höflich wie ich bin, öffnete ich die Beifahrertür, damit meine Begleitung aussteigen konnte. Mit nur wenigen Schritten betraten wir das Restaurant. Zwar wusste ich, welchen Tisch ich reserviert hatte, aber ich zog es vor, meine Begleitung und mich vom Personal des Restaurants an den Tisch führen zu lassen. Schon von weitem sah ich den hübsch dekorierten und liebevoll eingedeckten Tisch. Das Personal des Restaurants hatte sich viel Mühe gegeben, um den Tisch so herzurichten, wie ich ihn mir vorgestellt hatte. Freundlich war ich meiner Begleitung beim Ablegen ihres Mantels behilflich und wir nahmen am Tisch Platz, während ich einen Stuhl leicht nach hinten zog, dass sie sich ungehindert setzen konnte. Kaum saßen wir uns am Tisch gegenüber, als schon die Bedienung an unseren Tisch herantrat, um die Speisekarten zu bringen und uns fragte, ob wir schon etwas zu trinken wünschten.

Wir bestellten uns eine Flasche Mineralwasser, und bevor die Bedienung beabsichtigte, unsere Bestellung zu bringen, zündete sie die Kerze an, die auf unserem Tisch stand. Erst als uns die Bedienung das Mineralwasser brachte, und wir unsere Bestellung für das Essen aufgegeben hatten, bekam ich das erste Mal die Gelegenheit dazu, etwas länger das Gesicht meiner Begleitung zu sehen. Mir saß eine hübsche, zierliche Frau mit braunen Augen und schlanker Figur gegenüber. Ihr blondes, halblanges Haar hatte sie am Hinterkopf leicht hochgesteckt,

und wenn sie lächelte, strahlten ihre braunen Augen. Entgegen allen Regeln und den professionellen Hinweisen der Agentur für Singles, nicht gleich am ersten Tag des Kennenlernens im Gespräch die negativen Erfahrungen aus dem vorherigen Leben anzusprechen, taten wir dies trotzdem. Es hatte sich zwangsläufig ergeben, und so sehr wir uns bemühten, dieses Gesprächsthema zu umgehen, kamen wir auf Umwegen immer wieder darauf zurück. Letztendlich unterhielten wir uns über das, was uns einfiel, ohne darüber nachzudenken, ob der Gesprächsstoff angebracht sei oder nicht. Je mehr Zeit wir miteinander verbrachten, umso lockerer und aufgeschlossener wurden wir. Nach dem Essen kamen wir uns, während wir redeten immer näher. Kerstin, die wundervolle Frau, die mir gegenüber saß, spielte verlegen mit einer Serviette, und versuchte, diese so klein wie möglich zu falten. Während ich mich viele Stunden um ihre Gunst bemühte, kamen sich unsere Hände auf dem Tisch immer näher. Gerne hätte ich ihre Hände berührt, die um die Hälfte kleiner waren als meine eigenen, doch ich traute mich nicht. Viele Stunden lang saßen wir uns noch bis zum frühen Abend gegenüber, und wir hätten bestimmt noch mehr Zeit miteinander verbracht, wenn die Kopfschmerzen von Kerstin das Beisammensein nicht beendet hätten. Erst am Ende des schönen Tages gestand Kerstin, dass sie wegen einer Erkältung das Treffen beinahe absagen wollte. Zum Glück kam es nicht dazu, denn sonst hätte ich nicht die Liebe meines Lebens kennengelernt.
Schon während der vielen Stunden, die wir miteinander verbrachten, hatte ich mich in Kerstin verliebt.

Im wahrsten Sinne des Wortes war es Liebe auf den ersten Blick. Und wenn mich mein Bauchgefühl nicht täuschen sollte, erging es Kerstin nicht anders. Noch vor dem Treffen mit Kerstin war ich der festen Überzeugung, dass man sich nur einmal im Leben verliebt, und dass man diese Liebe nur einer Frau schenken kann. Wieder wurde ich um eine wichtige Erfahrung reicher, und hoffte, dass wenn dieser Tag zu Ende ginge, es einen neuen Tag mit Kerstin geben würde. Nach nur wenigen Stunden war mir klar geworden, dass ich mit dieser Frau den Rest meines Lebens verbringen wollte.
Nachdem ich Kerstin nach Hause brachte, und sie vor der Haustür absetzte, verabschiedete ich mich von ihr mit der Frage, ob wir uns wiedersehen werden.
Ihre klare Antwort auf meine Frage ließ mich hoffen, dass meine Wünsche in Erfüllung gehen könnten. Noch am selben Abend rief ich Kerstin auf ihrem Handy an, um mich für die schönen Stunden bei ihr zu bedanken, die sie mir schenkte, und dass ich es kaum erwarten könne, sie bald wieder zu sehen.

Endlich angekommen

Nach dem 30.01.2007 traf ich mich noch viele Male mit Kerstin, und mit jedem Tag, den wir zusammen sein durften, verliebten wir uns ein bisschen mehr. Keiner von uns beiden konnte sich ein Leben ohne den anderen mehr vorstellen. Wir waren uns so sicher in dem, was wir wollten, dass ich schon zwei Wochen später, im Februar 2007, aus meiner kleinen Wohnung auszog und bei Kerstin im Haus einzog. Nach drei weiteren Jahren heiratete ich am 18.06.2010 die wundervollste Frau der Welt.

Mit dem Kennenlernen meiner Frau Kerstin lernte ich noch andere wundervolle Menschen kennen, von denen ich nicht wusste, dass es solche Menschen geben soll. Die Eltern von Kerstin hatten mich von der ersten Minute an als einen Teil der Familie angesehen. In Kerstins Eltern steckt so viel Liebe, dass ich anfangs Probleme damit hatte, weil ich das aus meiner Familie nicht kannte. Wenn ich keine eigenen Eltern gehabt hätte, wären es die Eltern von Kerstin gewesen, die ich mir als Eltern gewünscht hätte. Kerstins Bruder Torsten und seine Frau Dunja kümmern sich ebenfalls so liebevoll um ihre beiden Kinder Michelle und Julian, wie ich es von Kerstins Eltern kennengelernt habe. Torsten und Dunja sehe ich weniger als Schwager und Schwägerin.
Viel mehr sehe ich sie als einen Bruder und eine Schwester, Geschwister, die ich nie wirklich hatte.
Neben dem Kennenlernen meiner Frau Kerstin, war Kristin (Tiny), Kerstins Tochter, die größte Bereicherung in

meinem neuem Leben. Es hätte auch anders kommen können, doch das damalige knapp 16 jährige Mädchen und ich hatten uns auf Anhieb gut verstanden. Ich konnte nicht, und ich wollte nicht, den Vater ersetzen, der sie einst verließ, als sie noch ein Kind war. Jedoch wollte ich dann für sie da sein, wenn sie die Hilfe benötigte, die ihr Vater ihr nicht geben konnte. Bisher sind neun Jahre vergangen, in denen ich das große Glück hatte, sie bis zum Erwachsenwerden, begleiten zu dürfen. Tiny konnte zwar nicht ersetzen, was mir verloren ging, dennoch war sie mir mehr eine Tochter gewesen, als mir mein eigenes Kind ein Sohn sein wollte. Nun ist Tiny bereits erwachsen geworden, steht mit beiden Beinen fest im Leben, und ich hoffe für sie vom ganzen Herzen, dass sie ihren Weg finden wird.

Nach nunmehr 51 Jahren, und mit einer Fülle an Erfahrungen, bin ich an einem Punkt in meinem Leben angekommen, den ich für kein Geld der Welt eintauschen würde. Ein Sprichwort besagt: „Jeder Mensch bekommt das in seinem Leben, was er verdient hat". Wenn das, was ich bekommen habe, das ist, was ich verdient habe? Dann habe ich alles richtig gemacht in meinem Leben.
Und noch eins ist mir klar geworden. Ein weiteres Sprichwort besagt: „Die Rechnung wird immer unterm Strich gemacht". Zwar ist mein Leben noch nicht zu Ende, und ich hoffe, dass ich noch viele Jahre glücklich sein darf, dennoch kann ich jetzt schon sagen, dass ich gerne bereit bin, die Rechnungen zu begleichen, die mir noch gestellt werden. Es gibt sie also noch, die Momente im Leben, wo sich alles zum Guten wendet.

Und es gibt noch viel schönere Momente, wie das Aufwachen neben meiner wundervollen Frau. Wenn ich dann noch mit meiner Hand zart über ihre Wange streicheln, und mit meinen Fingern sanft ihr Gesicht nachzeichnen darf, um sie zu wecken, dann weiß ich, dass ich angekommen bin.